Patricia Goletz

Das Russlandbild in den deutschen Medien

Der Fall *Pussy Riot* und seine Aufarbeitung in Deutschland

Patricia Goletz

DAS RUSSLANDBILD IN DEN DEUTSCHEN MEDIEN

Der Fall *Pussy Riot* und seine Aufarbeitung in Deutschland

ibidem-Verlag
Stuttgart

Bibliografische Information der Deutschen Nationalbibliothek
Die Deutsche Nationalbibliothek verzeichnet diese Publikation in der Deutschen Nationalbibliografie; detaillierte bibliografische Daten sind im Internet über http://dnb.d-nb.de abrufbar.

Bibliographic information published by the Deutsche Nationalbibliothek
Die Deutsche Nationalbibliothek lists this publication in the Deutsche Nationalbibliografie; detailed bibliographic data are available in the Internet at http://dnb.d-nb.de.

∞

Gedruckt auf alterungsbeständigem, säurefreien Papier
Printed on acid-free paper

ISBN-13: 978-3-8382-0474-1

Printed in the EU

Inhalt

Einleitung

Am 17. August 2012 befand das Moskauer Chamowniki-Gericht drei Mitglieder der russischen Punkband *Pussy Riot* des „Rowdytums aus religiösem Hass und der Verletzung religiöser Gefühle“ (russ. StGB §24, Art. 213, Abs. 2) für schuldig. Die Musikerinnen wurden zu jeweils zwei Jahren Straflager verurteilt. Dabei wurde die sechsmonatige Untersuchungshaft angerechnet. Die Hauptankläger waren Angehörige der Russisch-Orthodoxen Kirche (ROK) (darunter einige Kirchgänger, zwei Wärter sowie eine Frau, die für Ordnung im Gotteshaus sorgt – die sog. *Kerzenfrau*[1]). Während im Zuge eines Berufungsverfahrens die Haftstrafe für eine der drei angeklagten Frauen – Jekaterina Samuzewitsch – am 10. Oktober 2012 in eine Bewährungsstrafe umgewandelt wurde, saßen die beiden anderen Frauen, Nadeschda Tolokonnikowa und Maria Aljochina, bis zu ihrer Amnestie am 23. Dezember 2013 (etwa 2 Monate vor dem offiziellen Entlassungstermin Anfang März 2014) in Lagerhaft. Tolokonnikowa und Aljochina waren in zwei verschiedenen Straflager untergebracht worden, damit sie keinen Kontakt zueinander pflegen konnten. Während Tolokonnikowa in die Kolonie Nummer 14 in die Teilrepublik Mordowien gebracht wurde, befand sich Aljochina in der 28. Kolonie in Perm.

Das internationale Aufsehen rund um dieses Gerichtsurteil ließen das unterschiedliche Verständnis von Rechtspraxis und politischer Kultur und die divergierenden Ansichten zum Verhältnis von Kirche und Staat erkennen. Diese unterschiedlichen Ansichten sind jedoch nicht nur auf der Ebene ‚Westen[2] vs. Russland‘, sondern gleichsam auf der Ebene ‚Liberale vs. Konservative‘ innerhalb und

---

1 Russ.: свечница [swjetschiza].

2 Unter dem Terminus „Westen“ versteht die Autorin die modernen sozio-kulturellen Gemeinschaften – darunter auch die deutsche –, die sich zu den Werten Freiheit, Gleichheit, Rechtsstaatlichkeit, Marktwirtschaft, Kapitalismus, Individualismus und Demokratie bekennen. Die Zusammensetzung dieser Gemeinschaft kann je nach Interessenslage variieren. Allerdings dient dieses Bekenntnis auch als „corporate identity“ und zur Abgrenzung von anderen Gemeinschaften, die diese Werte nicht in gleichem Maße legislativ, judikativ und exekutiv realisieren – in diesem Falle Russland.

außerhalb der russischen Gesellschaft vorzufinden. Für das deutsche Russlandbild lässt sich in den letzten Jahren Folgendes beobachten: Eine im April 2014 veröffentlichte Studie des Instituts für Demoskopie Allensbach[3] zum politischen Russlandbild der Deutschen kam zu dem Ergebnis, dass die Deutschen im Vergleich zu den Vorjahren ein zunehmend negativeres Bild über Russland entwickeln – und dass dieses stark durch das in der Öffentlichkeit kreierte Bild über Russland in Bezug auf die Krise in der Ukraine als auch den aktuellen Konflikt in Syrien geprägt ist. Laut der Studie sehen nur noch 15 Prozent der Bürger die Beziehungen zu Russland als intakt an, 76 Prozent halten das Verhältnis zwischen Deutschland und Russland für gestört. Nach Meinung der Autorin liegt einer der Hauptgründe für die Entwicklung solch eines negativen Russlandbildes in der medialen Berichterstattung, die oftmals tendenziös und einseitig ist und mit überwiegend diffamierenden Schlagzeilen wie „Das Putin-Psychogramm: Warum sich Russlands Präsident längst im Krieg wähnt“[4], „Albtraum Russland“[5], „Justiz in Russland: Geplagt von Skandalen und Korruption“[6] oder „Putins Gotteskrieger“[7] arbeitet. Diese Ansicht lässt sich durch die Beobachtung untermauern, dass in der Berichterstattung oft auf Stereotype zurückgegriffen wird, ohne dabei die tieferen sozio-kulturellen Gegebenheiten zu berücksichtigen. Diese Einstellung des Westens gegenüber Russland wird insbesondere dann erkennbar, wenn in der deutschen Öffentlichkeit Russlands politische Gegner

---

3 Vgl. Institut für Demoskopie Allensbach, *Zunehmende Entfremdung*, www.ifd-allensbach.de/uploads/tx_reportsndocs/FAZ_April_2014_Russland.pdf, abgerufen am 12.8.2015 um 19:37.

4 Reitschuster, Boris: *Das Putin-Psychogramm: Warum sich Russlands Präsident längst im Krieg wähnt*, http://www.focus.de/politik/ausland/kalter-krieg/machotum-als-staatsdoktrin-das-putin-psychogramm-warum-sich-russlands-praesident-laengst-im-krieg-waehnt_id_5289981.html, abgerufen am 21.2.2016 um 20:18.

5 Siebenhaar, Hans-Peter: *Albtraum Russland*, http://www.handelsblatt.com/unternehmen/it-medien/medienkommissar/der-medien-kommissar-albtraum-russland/12752746.html, abgerufen am 23.12.2015 um 20:56.

6 Bauchina, Alisa: *Justiz in Russland: Geplagt von Skandalen und Korruption*, http://www.heise.de/tp/artikel/46/46920/1.html, abgerufen am 23.12.2015 um 16:22.

7 Dornblüth, Gesine: *Putins Gotteskrieger*, http://www.deutschlandfunk.de/russland-putins-gotteskrieger.795.de.html?dram:article_id=340528, abgerufen am 13.1.2016 um 17:03.

oder allgemeine Querdenker wenig differenziert und so gut wie kritiklos unterstützt sowie Sachverhalte vereinfacht und mit stetem Verweis auf die Verantwortung der politischen Obrigkeit verkürzt werden. Hinzu kommt, dass in der Meinungsbildung gewöhnlich davon ausgegangen wird, dass hinter allen Affären in Russland ein politisches Interesse stecke – anders könne es gar nicht sein. Gleichsam könnte hinter der beschriebenen Vereinfachung und Stereotypisierung eine Rechtfertigung der politischen Maßnahmen Russland gegenüber (wie beispielsweise von Sanktionen) vermutet werden. Richtig ist: Trotz einer starken politischen Verflechtung der öffentlichen Bereiche in Russland (Wirtschaft, Bildung etc.) wird man diesen einzelnen Bereichen nicht gerecht, wenn man in allen Handlungen die politische Elite als treibende Kraft zu erkennen meint, die einzig ihre Machtinteressen durchzusetzen versucht. Unter diesen Umständen ist der Rezipient dazu genötigt, tiefergehende Recherchen anzustellen und alternative Informationsquellen zu suchen, um sich ein umfangreicheres Bild zu verschaffen, das alle Seiten eines Konflikts repräsentiert.

In den folgenden Kapiteln werden zunächst der Hintergrund von *Pussy Riot* und ihrer Performance beleuchtet (der Auftritt in der Christ-Erlöser-Kathedrale, das Gerichtsverfahren, die Herkunft und Leitgedanken der Gruppe) sowie die in dem Punkgebet stark kritisierte enge politische Beziehung der Russisch-Orthodoxen Kirche zur russischen Staatsobrigkeit aus historischer Perspektive und deren theologische Legitimation (byzantinisches Erbe). Zudem wird ein kurzer Einblick in die politische Atmosphäre des Russlands der Wahlperiode 2011/2012 gegeben, die in der öffentlichen Wahrnehmung im Westen von Protestzügen gegen einerseits die im Dezember 2011 stattgefundenen und angeblich manipulierten Dumawahlen und andererseits die im März 2012 bevorstehenden Präsidentschaftswahlen mit Wladimir Putin als Spitzenkandidat bestimmt wurde.

Der an diese Ausführungen anschließende Teil 2 dieses Buches beschreibt die öffentlichen Reaktionen auf das Punkgebet von *Pussy Riot* sowohl in Russland als auch in Deutschland. Dazu werden journalistische Beiträge, Kommentare sowie die Stellungnahmen

von bekannten Personen und politischen Entscheidungsträgern analysiert. Eine wesentliche Feststellung ist die dabei oftmals vereinfachte und einseitige Verarbeitung von Sachverhalten, die die im Teil 1 dargestellten Hintergründe betreffen. Auch verdeutlicht die Verwendung einiger Begriffe wie Meinungsfreiheit, Kunst oder Sakralität im Zusammenhang mit der Diskussion um Blasphemie, dass bei deren Definition eine große Diskrepanz herrscht. Dieser Umstand erschwert die Nachvollziehbarkeit der Argumente. Andererseits wird offensichtlich, dass die auf Menschenrechten basierenden Freiheiten wie Religions-, Meinungs-, Kunstfreiheit situativ, wenn nicht beliebig interpretiert und sie deshalb im Fall einer Kollision in ihrem Wert nicht universell verstanden werden können.
Da das Punkgebet von *Pussy Riot* kein spontaner Akt war, sondern im Kontext einer bestimmten sozial-politischen Atmosphäre stand, gilt es zunächst die Hintergründe des Auftrittes, die damalige politische Stimmung in Russland wie auch die Rolle der Russisch-Orthodoxen Kirche (im Weiteren als ROK bezeichnet) im Kontext dieser Entwicklung darzustellen. Danach soll im empirischen Teil konkreter auf die Diskussion um das Gerichtsurteil in Russland und in Deutschland eingegangen werden. Die Darstellung der öffentlichen Reaktionen auf das Gerichtsurteil in Russland soll zunächst anschaulich machen, dass in Russland kein rein politisches Interesse am Gerichtsurteil bestanden haben konnte, wie dies mehrheitlich in der deutschen Berichterstattung behauptet wurde.
Im Rahmen der Interpretation des Punkgebetes wird auf Unfeinheiten in der deutschen Übersetzung hingewiesen, die einerseits die Semantik der im Text verwendeten Vulgarismen nicht adäquat wiedergibt, andererseits die Diskussion um die Blasphemie in einem anderen Licht erscheinen lässt.
Ziel dieses Buches ist es, dem Leser die Möglichkeit zu geben, ein breiteres Hintergrundwissen zum Kirchenauftritt von *Pussy Riot* zu bekommen und die Komplexität des Sachverhaltes zu verstehen sowie sich eine eigene Meinung bilden zu können. Diese Möglichkeit wurde seitens der breit zugänglichen Medien nicht gegeben. Bemerkenswert war während der Recherche insbesondere die Tatsache, dass die Autorin überwiegend alternative Plattformen aufsuchen

musste, um diversifizierte Meinungen zu dem Gerichtsverfahren und weitere Maßnahmen (z.B. die später verabschiedeten gesetzlichen Änderungen zum Schutz der religiösen Gefühle) zu erhalten. Die Mehrheit der veröffentlichten Positionen – ob dies in den breiten Massenmedien oder in einzelnen Statements geschah – lässt eine überwiegend negative Tendenz und Agitation gegen Russland erkennen.

Zu guter Letzt soll nicht unerwähnt bleiben, dass sich das Verfassen dieses Buches als ein hindernisreicher Akt erwies. Die größte Schwierigkeit lag vor allem im Ersuchen und dem Erhalt von Zusicherungen für den Abdruck der journalistischen Beiträge bei den jeweiligen Zeitungen/Verfassern. Entweder erhielt die Autorin keine Antworten oder es wurde dem Abdruck in vielen Fällen nur mit der Erhebung einer Gebühr zugestimmt. Diese Kosten konnte die Autorin allerdings nicht tragen. Aus diesem Grund konnte die Mehrheit der Beiträge nur passagenweise zitiert werden.

1. Das Punkgebet von *Pussy Riot* im Kontext seiner Aufführung

1.1 Zum Punkgebet und seinen Folgen

1.1.1 Die Aufführung des Punkgebetes in der Christ-Erlöser-Kathedrale

Was genau war eigentlich am Vormittag des 21. Februar 2012 in der Christ-Erlöser-Kathedrale passiert? Was hat für eine entsprechende Empörung gesorgt sowie zum späteren Gerichtsurteil geführt?
Fünf Mitglieder der Gruppe *Pussy Riot* (darunter Nadeschda Tolokonnikowa, Maria Aljochina und Jekaterina Samuzewitsch) führten maskiert ein Punkgebet (панк-молебен; Pank-moleben) mit dem Titel „Mutter Gottes, verjage Putin" („Богородица, Путина прогони!", „Bogorodiza, Putina progoni") in der Kathedrale auf. Sie betraten den Raum des Ambo und der Soleas und boten das selbstkomponierte Lied mit instrumentaler Begleitung aus dem Tonband hüpfend und den Text in den Kirchenraum hineinrufend nicht einmal eine Minute (ca. 40 Sekunden) lang dar. Währenddessen ahmten sie Gebetsgesten nach, indem sie sich mehrmals hinknieten und bekreuzigten. Diese Aktion wurde über YouTube in zwei Versionen verbreitet:

1) als *Originalversion*, die die Frauen tanzend, springend und singend in der Christ-Erlöser-Kathedrale zeigt. Hierbei aber schaffen sie es nur, die erste Strophe des Liedes vorzutragen. Das Video ist etwa anderhalb Minuten lang.
2) als *eigentlicher Videoclip*, zusammengeschnitten aus Szenen in der Christ-Erlöser-Kathedrale und in der Epiphanien-Kathedrale zu Jelochowo[8], in der sie zwei Tage zuvor

---

[8] Ausgestattet mit einer Gitarre und einem Tonbandgerät gingen die Mitglieder der *Pussy Riot* zum Nebenaltar der Kathedrale und begannen, das Lied zu singen. Zu jenem Zeitpunkt wurde kein Gottesdienst abgehalten und nur wenige Besucher hielten sich in der Kathedrale auf. Als die Künstlerinnen aber von Bediensteten

am Nebenaltar aufgetreten waren. Hierbei wurde die Musik in das Video montiert. Dieser Clip ist fast zwei Minuten lang.

Nach jenem Auftritt in der Christ-Erlöser-Kathedrale wurden Nadeschda Tolokonnikowa und Maria Aljochina am 3. März 2012 unter Arrest gestellt, die Arrestierung von Jekaterina Samuzewitsch erfolgte am 16. März. Das darauffolgende Gerichtsurteil zur zweijährigen Inhaftierung in einem russischen Arbeitslager wurde am 17. August 2012 verkündet.

Anlass der Punkgebetes war laut *Pussy Riot* nicht allein die Kandidatur Wladimir Putins für das Präsidentenamt, sondern auch die Unterstützung von der Kandidatur durch die ROK, mit Partriach Kirill als Kopf.

Noch am 8. Februar 2012 hatte sich Wladimir Putin im Rahmen seiner Wahlkampagne mit faktisch allen Vertretern der in Russland vorhandenen religiösen Konfessionen getroffen: angefangen von den Vetretern der ROK und anderer christlicher Gemeinden bis hin zu den Vertretern der islamischen, buddhistischen sowie der jüdischen Gemeinden. Bei diesem Treffen betonte Putin die besondere und wichtige gestalterische Rolle von religiösen Organisationen für Staat und Gesellschaft. Die laut russischer Verfassung (Art. 14, Abs. 2) proklamierte Trennung von Staat und Religion bedeute jedoch nicht, dass nicht zwischen beiden Seiten ein partnerschaftliches Verhältnis bestehen könne:

> „Если мы говорим об отделении Церкви от государства, то в современных условиях мы должны говорить о другом содержании этой светскости, и она, на мой взгляд, должна заключаться в том, что между государством и религиозными организациями должен установиться

---

entdeckt wurden, wurden sie sogleich herausgeführt, ohne ihren Liedtext vortragen zu können. Erzpriester Wsewolod Tschaplin erklärte, dass diesem Vorfall wahrscheinlich deshalb keine besondere Aufmerksamkeit gewidmet wurde, da die Frauen es nicht geschafft hätten, „die blasphemischen Worte vorzutragen" („propet' koshunstwennye slova", „пропеть кощунственные слова"). Чернухина, Юлия: *Pussy Riot уже выступали в церкви [Pussy Riot usche wystupali w zerkwi]*, http://www.mk.ru/politics/russia/2012/03/19/683039-pussy-riot-uzhe-vyistupali-v-tserkvi.html, abgerufen am 12.10.2015 um 12:36.

совершенно другой режим взаимоотношений — режим партнёрства, взаимной помощи и поддержки.“[9]

„Wenn man von der Trennung von Kirche und Staat spricht, so sollte man unter den gegenwärtigen Umständen von einem anderen Gehalt dieser Säkularität sprechen. Diese sollte meiner Ansicht nach in einer anderen Art der Wechselseitigkeit zwischen Staat und religiösen Organisationen bestehen – nämlich in Partnerschaft, gegenseitiger Hilfe und Unterstützung.“ [Übers. d. Autorin]

Schließlich hätten beide Seiten den Aufbau der russischen Gesellschaft in moralisch-ethischer Hinsicht zum Ziel und darum sei die wechselseitige Unterstützung und Hilfe von Staat und religiösen Organisationen ein legitimes Instrument zur Stabilisierung der Gesellschaft:

„В советское время был известный лозунг, во всех местах лишения свободы он был начертан на плакатах: «На волю с чистой совестью». Для того чтобы выйти на волю с чистой совестью, совесть надо иметь. А без поддержки (сегодня во всяком случае) религиозных организаций обрести базовые морально-этические ценности очень сложно самому человеку.“[10]

„Zu Sowjetzeiten gab es den bekannten Leitsatz, der auf allen Orten des Freiheitsentzuges auf Plakaten aufgeführt wurde: ‚An die Freiheit mit reinem Gewissen‘. Um aber an die Freiheit mit reinem Gewissen zu gelangen, bedarf es nunmal eines Gewissens. Ohne aber die Unterstützung (heutzutage insbesondere) von religiösen Organisationen ist es für den einzelnen Menschen äußerst schwer, sich moralisch-ethische Werte anzueignen.“ [Übers. d. Autorin]

Aus diesem Grund sei die Kirche eine große Hilfe bei der Lösung sozialer Probleme, wie beispielsweise bei der Stabilisierung der demographischen Entwicklung oder der moralischen Erziehung junger Menschen. Zugleich sei Putin auch bereit, seine Unterstützung bei der Einrichtung sozialer Zentren (z.B. Mutter-Kind-Zentren) zu

9 o.A.: *Стенограмма встречи председателя Правительства РФ В.В. Путина со Святейшим Патриархом Кириллом и лидерами традиционных религиозных общин России [Stenogramma wstretschi predsedatelja Prawitel'stwa RF W.W. Putina so Swjatejschim Patriarchom Kirillom i liderami tradizionnych religioznych obschtschin Rossii]*, http://www.pravoslavie.ru/smi/51480.htm, abgerufen am 13.8.2015 um 18:34.

10 Ebd.

geben wie auch den unter Beteiligung der Kirche eingerichteten Organisationen eine Möglichkeit zu geben, an Wettbewerben teilzunehmen und so einen Zugang zu staatlichen Finanzierungsmöglichkeiten zu erhalten.
Die an diesem Treffen beteiligten Geistlichen drückten wiederum ihre Unterstützung für Putins Kandidatur aus und gaben ihm hierfür ihren Segen. Die seitens Putin versprochene Unterstützung der religiösen Gemeinschaften bedeutete eine Zusicherung einer stärkeren Einflussnahme insbesondere der ROK am gesellschaftlichen Leben und so lobte Patriarch Kirill während eines Gottesdienstes Wladimir Putin als ein „Wunder Gottes", der eine besondere Rolle dabei gespielt habe, Russland aus den wilden 1990ern zu führen und das Land zu stabilisieren[11]. Und ebendiese Bezeichnung Putins als „Wunder Gottes" nahmen *Pussy Riot* zum Anlass für die Kritik an der Führungsriege der ROK und ihrer Verwicklung mit dem politischen Geschehen.

> „Как в голову пришло? Очевидно! Последние высказывания патриарха прямой дорогой ведут нас в храм. Если набрать в интернете «патриарх Кирилл», появятся его высказывания о том, что люди должны к поясу стоять, а не на митинги выходить, [...]."[12]

> „Wie es [uns] in den Sinn kam [in der Kathedrale aufzutreten]? Das ist doch offensichtlich! Die jüngsten Aussagen des Patriarchen führen uns direkt in die Kathedrale. Wenn man im Internet nach dem Stichwort ‚Patriarch Kirill' sucht, so erscheinen in der Trefferliste seine Aussagen dazu, dass die Menschen besser zum Gürtel der Muttergottes anstehen sollten, anstatt auf Meetings zu gehen." [Übers. d. Autorin]

Zunächst gilt es festzuhalten, dass sowohl die Wahl des Ortes wie auch der Zeitpunkt für die öffentliche Unterstützung Putins durch den Patriarchen ungünstig gewählt waren. Dies ist zu kritisieren. Aber freilich kann auch ein kirchlicher Amtsträger seine privaten politischen Ansichten haben. Allerdings besteht in Russland auch offiziell eine strikte Trennung von Staat und Kirche und mit seiner

---

11 Новикова, Анастасия: *Путин получил благословение на третий срок [Putin polutschil blagoslowenie na tret'ij srok]*, http://izvestia.ru/news/514727, abgerufen am 13.8.2015 um 20:16.

12 Моисеев, Владислав: *Бунт феминизма [Bunt feminizma]*, http://ru srep.ru/article/2012/02/24/pussy_riot, abgerufen am 20.8.2015 um 12:14.

Aussage goss der Patriarch Öl ins Feuer der aufgeheizten politischen Stimmung – insbesondere weil sie zu einem Zeitpunkt fiel, als die Proteste gegen Putins Kandidatur immer stärker wurden.
In diesem Kontext wählten *Pussy Riot* das Kirchengebäude für ihren Protest, um der Lobrede des Patriarchen auf Putin ein Gegengewicht zu setzen. Dabei ignorierten die Frauen allerdings die in der orthodoxen Kirche geltenden Verhaltensregeln sowie das Verbot des Betretens einiger bestimmter Bereiche im Raum für Frauen. So beschreibt auch die letzte der zum Gerichtsurteil erstellten Expertisen, auf die sich der spätere Strafprozess bezog, das Betreten des sakralen Bereiches als das entscheidende Moment, das grob die öffentliche Ordnung verletzt hätte.
Für die Anklage und das darauffolgende Gerichtsverfahren gegen *Pussy Riot* wurden drei aufeinanderfolgende Expertisen erstellt, deren Aufgabe es war, eine Grundlage zur Formulierung der Anklageschrift gegen die Frauen zu geben[13]. Wäre die Anklage auf Grundlage der ersten beiden Expertisen formuliert worden, hätte es zu einem milderen Urteil kommen können. Indessen hatte die letzte Expertise zum Ziel, das Vorhandensein von Anzeichen religiösen Hasses (in Bezug auf das russ. StGB §24, Art. 213, Abs. 2) nachzuweisen. Worin nun genau dieser religiöse Hass bestehen soll und inwiefern sich die dritte Expertise von den beiden ersten unterscheidet, soll im folgenden Abschnitt behandelt werden.

1.1.2 Die drei Expertisen – eine Vorlage zum Gerichtsverfahren

Für die Erstellung der Expertisen und die Analyse des Punkgebetes wurden Psychologen, Linguisten und Juristen zu Rate gezogen. Wie bereits erwähnt, war der Zweck der Erstellung der Expertisen eine Grundlage für die spätere Anklageschrift zu schaffen.

---

13 Kurzzeitig wurde sogar erwogen, *Pussy Riot* wegen Extremismus anzuklagen. Dies wurde wieder verworfen. Vertreter dieser Idee waren u.a. Michail Barschtschewskij (bevollmächtigter Vertreter beim Verfassungsgericht, dem Obersten Gericht sowie dem Obersten Arbitragegericht der Russischen Föderation), Ksenija Tschernega (Leiterin der Rechtsabteilung des Moskauer Patriarchats). Vgl. http://rusnovosti.ru/news/199609/, abgerufen am 20.8.2015 um 14:30.

Im Unterschied zur dritten Expertise stellten sich die beiden ersten Expertisen zur Aufgabe, das Vorhandensein von Anzeichen der Aufstachelung zu religiösem Hass (im Sinne des russ. StGB §29, Art. 282, Abs. 2 „Aufstachelung zum Hass oder Feindseligkeit und Demütigung der Menschenwürde")[14] zu beweisen. Im Falle einer Anklage auf diesen Strafbestand hätte den Frauen von *Pussy Riot* nur eine Geldstrafe von bis zu 500.000 Rubel oder ein Freiheitsentzug von bis zu 5 Jahren gedroht. Einer Anklage im Sinne des russ. StGB §24, Art. 213, Abs. 2 „Rowdytum aus religiösem Hass" jedoch, wie dies nun die dritte Expertise zur Zielstellung hatte, kann eine Geldstrafe zwischen 500.000 und 1 Million Rubel oder einen Freiheitsentzug von bis zu 7 Jahren zur Folge haben. Hierfür müssen drei Kriterien erfüllt sein:

1) eine grobe Verletzung der sozialen Ordnung,
2) ein Motiv des religiösen Hasses,
3) eine vorherige Absprache/Organisierung.

Merkwürdig ist allerdings, dass es drei Expertisen brauchte, um eine Anklageschrift zu formulieren. Da zu diesem Umstand nur Annahmen und Spekulationen mögliche Antworten geben können, möchte die Autorin den Fokus auf die Betrachtung der einzelnen Expertisen lenken, um damit dem Leser das eingangs erwähnte nötige Hintergrundwissen zur Bildung eines eigenen Urteils zu geben. Denn für eine Bewertung der verschiedenen Expertisen muss darauf hingewiesen werden, dass in den jeweiligen Expertisen unterschiedliche Blickwinkel wie auch Faktoren zur Deutung des Auftrittes in Betracht gezogen worden sind. Die Anklage hatte somit bereits von Beginn an eine klare Zielrichtung.
Die erste Expertise[15] wurde im Zeitraum 28.2.2012 bis 2.4.2012 verfasst. In dieser Expertise untersucht die Kommission die vorhandenen Materialien aus linguistischer und psychologischer Sicht

[14] Siehe Russisches Strafgesetzbuch unter: http://www.zakonrf.info/uk/282.2/, abgerufen am 21.8.2015 um 14:56.

[15] Фейгин, Марк: *Первая экспертиза ГУП "ЦИАТ" по делу Pussy Riot [Perwaja ekspertiza GUP „ZIAT" po delu Pussy Riot]*, http://mark-feygin.livejournal.com/93368.html, abgerufen am 26.8.2015 um 18:20.

auf eine mögliche Aufstachelung zu religiösem Hass. Für diese Analyse wurden der Videoclip im Internet, der Text des Liedes „Muttergottes, vertreibe Putin“, die Zeugenaussagen in den Protokollen, die Briefe sowie die Aussagen und Stellungnahmen von Augenzeugen zu Rate gezogen.
Letztendlich sind sich die Experten einig geworden, dass die Handlungen von *Pussy Riot* zwar in ihrem Charakter blasphemisch, beleidigend, unpassend und respektlos gewesen[16] seien, es sei aber zu keinem religiösen Hass aufgerufen oder provoziert worden. Allerdings hätten die Frauen die religiösen Gefühle der Gläubigen verletzt.
Im Mai 2012 erfolgte die Veröffentlichung der zweiten Expertise[17]. Diese wurde im Zeitraum vom 6.4.2012 bis 14.5.2012 verfasst und analysierte nicht allein Text und Videoclip, sondern auch die Kommentare von Außenstehenden und Unbeteiligten. Auch diese Expertise kam zu dem Schluss, im Text oder in den Handlungen der Frauen seien keinerlei Anzeichen von Feindschaft bzw. einer feindlichen Einstellung der orthodoxen Religion gegenüber zu finden. Allerdings seien in den Kommentaren von Unbeteiligten zum Video Anzeichen von Feindschaft (feindlicher Gesinnung) gegenüber den (orthodoxen) Christen sowie den Geistlichen und die Beleidigung derer vorgefunden worden.
Schließlich wurde noch im selben Monat eine dritte Expertise (Zeitraum: 14.5.2012 bis 23.5.2012)[18] in Auftrag gegeben. Zur Anfertigung dieser Expertise wurde ein Komitee zusammengestellt, das

---

16 „Свидетели и потерпевшие оценили действия этих лиц (девушек) как *богохульственные, кощунственные* и *оскорбительные* для верующего человека, как неуместные в храме и тем самым проявляющие демонстративное неуважение к сложившимся в российском обществе традициям.“, Ebd.

17 Фейгин, Марк: *Вторая экспертиза ГУП "ЦИАТ" по делу Pussy Riot [Wtoraja ekspertiza GUP „ZIAT“ po delu Pussy Riot]*, http://mark-feygin.livejournal.com/93621.html, abgerufen am 28.8.2015 um 13:46.

18 Фейгин, Марк: *Экспертиза Троицкого-Абраменковой-Понкина по "делу PUSSY RIOT" [Ekspertiza Troizkogo-Abramenkowoj-Ponkina po* „delu *PUSSY RIOT*“], http://mark-feygin.livejournal.com/89127.html, abgerufen am 28.8.2015 um 14:55. Originaldokument online zugängig unter Suchbegriffen: Экспертиза Троицкого-Абраменковой-Понкина по делу *Pussy Riot* [Ekspertiza Troitzkogo-Abramenkovoj-Ponkina po delu *Pussy Riot*].

aus konservativeren Mitgliedern bestand. Unter anderem wirkten zwei Experten mit, die an der Bewertung von einigen umstrittenen und skandalösen Kulturereignissen in Russland teilnahmen[19]. Dementsprechend bekam diese Expertise von Beginn an den Anstrich einer rigoroseren Untersuchung des Auftrittes in der Kathedrale.

Die Autoren dieser letzten Expertise sind sich einig, dass *Pussy Riot* in der Christ-Erlöser-Kathedrale vorsätzliches Rowdytum aus Motiven des religiösen Hasses im Sinne des russ. StGB §24, Art. 213 begangen habe. Diese Ansicht wird damit begründet, dass einerseits der Text, der vorab verfasst wurde, groben Spott und die Erniedrigung der orthodoxen Gläubigen beinhaltet. Andererseits stellten die Frauen diesen Spott durch ihre freizügige Kleidung, „zügelloses Gehopse, Parodien über kirchliche Rituale sowie die Schmähung geistlicher und orthodoxer Werte“[20] zur Schau. Darüber hinaus seien die Textphrasen wie „sranj Gospodnja“ (Dreck des Herrn), „glawa KGB – ich glawnyj swjatoj“ (Der KGB-Chef ist euer oberster Heiliger) und „tschjornaja rjasa, zolotye pogony“ (Schwarzer Talar, goldene Schulterklappen – in Bezug auf die Kirchenbediensteten in Zusammenarbeit mit den staatlichen Bediensteten) nicht an eine konkrete Person gerichtet, sondern an die orthodoxen Bediensteten und Gläubigen allgemein. Der Name Putin sei allein zur Ablenkung verwendet worden, um sich als politisch Verfolgte darstellen zu können[21].

---

19 Beispielsweise nahm Vera Abramenkova, Leiterin des Instituts für psychologisch-pädagogische Probleme in der Kindheit (Институтa психолого-педагогических проблем детства), an der Begutachtung der Ausstellung „Achtung, Religion“ („Осторожно, религия!" - „Ostoroschno, religija!“) teil. Igor Ponkin, Direktor der regional-gesellschaftlichen Organisation „Institut für das Verhältnis von Staat, Religion und Recht“ ("Институт государственно-конфессиональных отношений и права"), forderte eine Schließung des „blasphemischen“ Senders *2x2* gefordert. Vgl. http://rusk.ru/st.php?idar=177127, abgerufen am 2.9.2015 um 10:13.

20 Фейгин, Марк: *Экспертиза Троицкого-Абраменковой-Понкина по "делу PUSSY RIOT" [Ekspertiza Troizkogo-Abramenkowoj-Ponkina po* „delu *PUSSY RIOT*“].

21 „Фамилия «Путин» употреблена участницами акции, с высокой вероятностью, [...] чтобы выставить себя «узницами совести, преследуемыми властями за критику [...]. В действительности, это

Gemäß dieser Expertise haben *Pussy Riot* mit ihrem Auftritt insbesondere die Apostolischen Regeln, die Regeln der Trullanischen Synode (691 n.Chr.) und der Synode von Laodizea (363–364 n.Chr.)[22] verletzt. In beiden Synoden ist die Kleiderordnung wie auch das Verhalten in sakralen Räumen geregelt (kein Unwesen, Tanz oder Geschrei in Kirchen treiben und kein Betreten der Soleas von Laien etc.). Beispielsweise besagt Kanon 62 der Trullanischen Synode (über „das Verbot der Bräuche zu Ehren der antiken Götter, insbesondere Tänze und Bräuche zu Ehren des Dionysos bei der Weinlese und -kelter"), dass „öffentliche Tänze von Frauen Schaden und Unfug verursachen können". Der Kirchenraum solle durch eine bescheidene Kleiderordnung, bei der sich „Männer nicht mehr wie Frauen und Frauen nicht mehr wie Männer" (in Bezug auf die zügellose Kleiderordnung im Alten Griechenland) kleiden, gewürdigt werden.[23]

Zwar wirkt die Anwendung von Kirchenregeln aus dem IV. und VII. Jahrhundert bei der Begründung dieser Expertise befremdlich, denn dies deutet auf eine mögliche „Rückschrittlichkeit" der Verfasser (der ROK) hin. Gleichwohl gebührt den Regeln aufgrund ihres zeitlosen Charakters in erster Linie Respekt und Toleranz. Deren Revision obliegt allein dem Konsens der Kirchengemeinschaft.

Als eine Reaktion auf diese Expertise hin bildete sich im Juli 2012 eine Gegeninitiative von zwei Wissenschaftlerinnen des Institutes für Geschichtswissenschaften der Russischen Akademie der Wissenschaften und des Museums für Anthropologie und Ethnologie in St. Petersburg, Irina Lewinskaja und Walentina Usunowa, die ihre

известный прием «снятия ответственности», являющийся обычной уловкой.", Ebd.

22 Vgl. *The Canons of the Council in Trullo and Synod of Laodicea [Dokumente zur Trullanischen Synode und der Synode von Laodzidea, engl. Version]*, http://www.ccel.org/ccel/schaff/npnf214.xiv.iii.lxiii.html, abgerufen am 2.9.2015 um 11:59.

23 "[...] And also the public dances of women, which may do much harm and mischief. Moreover we drive away from the life of Christians the dances given in the names of those falsely called gods by the Greeks whether of men or women, and which are performed after an ancient and un-Christian fashion; decreeing that no man from this time forth shall be dressed as a woman, nor any woman in the garb suitable to men." Kanon 62, *The Canons of the Council in Trullo, Ebd.*

Lesart in einer Rezension des Liedtextes verfassten[24]. In jenem 16 Seiten langen Dokument sind sich die beiden Wissenschaftlerinnen darüber einig, dass „sranj Gospodnja“ als Phraseologismus und daher als keine Gotteslästerung zu verstehen sei[25]. Mit „sranj Gospodnja“ hätten die Frauen allein ihre negative Haltung gegenüber der Allianz von Kirche und Staat ausgedrückt[26]. Des Weiteren waren die Wissenschaftlerinnen der Ansicht, dass die Autoren der dritten Expertise den Text nicht als Ganzes betrachteten, sondern Textfragmente (Wortverbindungen) eklektisch kombinierten. Beispielsweise sei die Adressierung an den Patriarchen Gundjaj nicht in seiner Ganzheit zitiert worden, sodass der Eindruck entstanden sei, dass der Patriarch nicht an Gott glaube („Der Patriarch glaubt an Putin. Besser sollte er, der Hund, an Gott glauben.“). Dies sei allerdings so nicht gemeint gewesen, denn die folgende Zeile drücke eigentlich aus, dass die Muttergottes an der Seite der Protestierenden stehe und nicht an der Seite des Moskauer Patriarchats, dessen Diensthabende den Glauben an Gott gegen den Glauben an Wladimir Putin eingetauscht hätten („Der Gürtel der Seligen Jungfrau ersetzt keine Demonstrationen, Die Jungfrau Maria ist bei den Protesten mit uns!“). Zudem kritisieren die beiden Verfasserinnen die Tatsache, dass nicht allein der Teil des Liedtextes betrachtet worden sei, der tatsächlich in der Kirche vorgetragen wurde, sondern die Videoinstallation aus dem Internet. Diese sei jedoch nicht Teil des eigentlichen Auftrittes und somit Deliktes gewesen.

Lewinskaja und Usunowa waren der Auffassung, dass der dritten Expertise jegliche Wissenschaftlichkeit fehle und diese daher eine Diskreditierung für die Wissenschaft darstelle.

---

24 Левинская И.А., Узунова В.Г.: *К вопросу об экспертизе действий группы «Pussy Riot» [K woprosu ob ekspertize dejstwij gruppy „Pussy Riot“]*, http://www.spass-sci.ru/news/detail.php?ID=300, abgerufen am 21.1.2016 um 18:40. Originaldokument: Левинская И.А., Узунова В.Г.: *К вопросу об экспертизе действий группы ‚Pussy Riot‘* [K voprosu ob ekspertize dejstvij gruppy ‚*Pussy Riot*‘], Sankt-Peterburgskij Sojus Utschjonnych, 18.07.2012.

25 Vgl. http://www.novayagazeta.ru/society/53757.html (russ.), abgerufen am 4.9.2015 um 15:35.

26 Amn. d. Autorin: Wie bereits erwähnt, muss ein Phraseologismus geläufig sein, allgemein bekannt und als solcher erkannt werden. In russischen Filmen ist diese Übersetzung jedoch nicht für „holy shit“ zu finden. Hierfür werden Übersetzungen wie „ni figa sebe“, „nitschego sebe“, „nichrena sebe“ etc. eher verwendet.

Der Liedtext „Mutter Gottes, vertreibe Putin!" stellt allerdings nur eine Komponente im Gesamtzusammenhang des Auftrittes dar. Die weitere Komponente in der Kunstphilosophie von *Pussy Riot* liegt in der Verwirklichung ihrer Ideen durch die Aktionskunst – spontane Performances an öffentlichen Plätzen, die einen Überraschungseffekt beim Rezipienten erzeugen sollen. Aus diesem Grund soll das anschließende Kapitel zunächst einen Abriss in die Genealogie sowie die Grundideen der Kunst von *Pussy Riot* geben – zumal der Kirchenauftritt in der Christ-Erlöser-Kathedrale keinen Einzelfall im Wirken der Gruppe darstellt.

1.1.3 Die Gruppe *Wojna* (*Krieg*) als Ideenstifter

Um die Gruppe *Pussy Riot* und deren Denkweise zu verstehen, soll im Folgenden der Hintergrund der Gruppe näher beleuchtet werden. Denn der Aspekt der Herkunft der Gruppe ist in der Diskussion um die Punkgruppe größtenteils ausgeblendet worden.
Pussy Riot formierten sich im August 2011 nach langsamer, aber noch nicht offiziell vollendeter Auflösung der linksradikalen Künstlergruppe *Wojna* (Krieg) und zeitgleich im Vorfeld der Proteste gegen die anstehenden Präsidentschaftswahlen am 4. März 2012.
Wojna, eine unabhängige linksradikale Künstlergruppe, war bekannt dafür, politische Straßenkunst auf provokative Art und Weise zu inszenieren. Sie war 2006 auf Initiative von Oleg Worotnikow, einem Absolventen der Philosophie der Moskauer Lomonossow-Universität, gegründet worden (unter anderem gehörten Nadeschda Tolokonnikowa und Jekaterina Samuzewitsch mit zum Kern der Gruppe)[27]. In dem Artikel „Wir sind Profis", erschienen in der FAS (Frankfurter Allgemeinen Sonntagszeitung) am 21. April 2012[28], erklärte Worotnikow, dass Kunst keine andere Funktion habe als die politische:

---

27 *Wojna* wiederum war der Nachfolger eines *Joint Venture*-Projektes der Künstlergruppe *Sokoleg*, die 2005 von Oleg Worotnikow und Natalia Sokol gegründet wurde, und der Künstlergruppe *Bombily*, die von Anton Nikolajew gegründet wurde. o.A.: Арт-группа „Война" [Art-Gruppa „*Wojna*"], http://lenta.ru/lib/14206363/, abgerufen am 5.9.2015 um 19:22.

28 o.A.: *Wir sind Profis*, http://www.faz.net/aktuell/feuilleton/der-anarchist-aus-moskau-wir-sind-profis-11725899.html, abgerufen am 5.9.2015 um 20:33.

> „Kunst darf heute nur noch politisch sein und sonst nichts. Alles, was keine Politik ist, ist keine Kunst, sondern nur eine tote Vogelscheuche gefüllt mit Scheiße und Reflexion.“ Daher sei das erklärte Ziel ihrer Kunst die „Zerstörung des [russischen] Staates“.[29]

Wojna beteiligte sich an Straßenprotesten, verübte symbolische Streiche an öffentlichen Plätzen, organisierte und realisierte verschiedenste Performancekunstauftritte. Bekannte Performancekunstauftritte waren u.a. der öffentliche Gruppensex im Biologischen Museum von Moskau (Februar 2008) namens *Ficke für den Thronnachfolger von Bärchen*[30], das symbolische Erhängen zweier Homosexueller (von denen einer jüdischer Herkunft war) und dreier Gastarbeiter aus dem zentralasiatischen Raum in einem Moskauer Kaufhaus (September 2008) namens *In memoriam die Dekabristen*[31], die Projektierung eines Totenkopfes auf das Weiße Haus (November 2008) namens *Der Sturm auf das Weiße Haus*[32]. Diese und mehrere Aktionen sind über YouTube veröffentlicht worden. In das Repertiore von *Wojna* gehörten außerdem Vandalismus und die Zerstörung öffentlichen Guts. Daher waren schätzungsweise ein Dutzend Strafprozesse gegen *Wojna* eingeleitet worden.
Trotz ihrer kontroversen Kunstaktionen wurde *Wojna* am 7. April 2011 vom russischen Kultusministerium mit dem *Innovationspreis* in der Kategorie „Visuelle Kunst“ ausgezeichnet, was zunächst auf Toleranz seitens des Staates gegenüber dieser provokanten Art der Kunst schließen lassen könnte.
Während *Wojna* nun im Begriff war, sich aufzulösen, formierten sich zeitgleich *Pussy Riot*. Neben dem betont feministischen Profil sind *Pussy Riot* der politischen Ausrichtung ihrer Kunst treu geblieben. Die Charakterisierung ihres Punkgebetes als politischen Protest haben alle drei Frauen auch in ihrem letzten Wort vor Gericht mehrmals betont. Nadeschda Tolokonnikowa legte dar, dass die

29 Ebd.

30 *Ебись за наследника Медвежонка* [Jebis‘ za naslednika Medweschonka] – eine Allusion an Präsident Medwedew, der zu der Zeit noch Präsident der Russischen Föderation war.

31 Памяти декабристов (ПэДэ) [Pamjati dekabristov (PeDe)]

32 Штурм Белого Дома [Schturm Bjelogo Doma]

Gruppe politischen Aktionismus insbesondere aufgrund ihrer Unzufriedenheit und ihres Frusts mit der aktuellen politischen Situation in Russland betreibe. Die Gruppe „lebe" erst durch ihre Kunst politische Opposition aus.

> „Нас категорически не устраивает, заставляет действовать и жить политически использование принудительных и силовых методов для регулирования социальных процессов." (Nadeschda Tolokonnikowa) [33]
>
> „Wir sind ausdrücklich mit der Tatsache unzufrieden, dass Zwangs- und Gewaltmittel angewendet werden, um soziale Prozesse zu regeln. Genau dies zwingt uns politisch zu handeln und zu leben." [Übers. d. Autorin]

Pussy Riot waren zunächst ein loser Zusammenschluss von etwa 25 jungen Frauen im Alter von 20 bis 33 Jahren, die spontane Auftritte an öffentlichen Plätzen (z.B. Metrostationen, Busdächer) organisierten. Bei diesen Auftritten trugen sie grelle Sturmhauben, leichte Kleider und Strümpfe, welche später zu ihrem Markenzeichen wurden. Ihre spontanen, lautstarken und schrillen Auftritte zeichnen die jungen Frauen mit der Videokamera auf und verbreiten sie als Videoclips über das Internet.
Auch Maria Aljochina, Jekaterina Samuzewitsch und Nadeschda Tolokonnikowa waren bereits seit längerer Zeit sozial und politisch engagiert.
Maria Wladimirowna Aljochina, Jahrgang 1988 und Mutter eines Sohnes (*2009), studierte am Moskauer Institut für Kunst und literarisches Schaffen[34]. Seit Dezember 2008 nahm sie an verschiedenen Aktionen von *Greenpeace* teil, z.B. an Aktionen zur Rettung des Naturschutzgebietes „Bol'schoj Utrisch" (Großer Utrisch), zum Schutz des Baikalsees oder für den Erhalt des Chimki-Waldes unweit von Moskau. Maria ist zudem aktiver Volontär der überregionalen Jugendbewegung zur Unterstützung der orthodoxen Jugendinitiativen des Heiligen Daniel von Moskau[35].

---

33 *Pussy Riot: Letzte Worte vor Gericht (russ.)*, http://lenta.ru/articles/2012/08/08/lastwords/, abgerufen am 15.9.2015 um 14:39.

34 Институт журналистики и литературного творчества, ИЖЛТ (Institut schurnalistiki i literaturnogo twortschestwa, ISCHLT)

35 Межрегиональное молодежное общественное движение в поддержку православных молодежных инициатив во имя святого благоверного князя

Jekaterina Stanislawowna Samuzewitsch, Jahrgang 1982, beendete das Programm des Moskauer Energetische Institut und arbeitete zunächst als Programmiererin an der Software-Ausstattung für U-Boote (bei *Morinformsistema-Agat)*, später wurde sie als Freelance-Programmiererin tätig. Nach dieser Arbeitserfahrung absolvierte sie 2009 ein Studium an der Moskauer Schule für Photographie und Multimedia. Zu jener Zeit begann sie sich für politischen Aktionismus zu interessieren und schloss sich über die Bekanntschaft mit Nadeschda Tolokonnikowa der Gruppe *Wojna* an.
Nadeschda Andrejewna Tolokonnikowa, Jahrgang 1989 und Mutter einer Tochter (*2008), studierte an der Moskauer Staatlichen Universität Philosophie. Zusammen mit ihrem Ehemann Pjotr Wersilow verhalf sie der Künstlergruppe *Wojna* (Krieg) in der Öffentlichkeit zur Bekanntheit.
Das Kollektiv von *Pussy Riot* zeichnet sich – ebenso wie die Gruppe *Wojna* – durch seine radikale Performancekunst aus, der ein klares politisch motiviertes Programm zugrunde liegt: Die Hauptthemen ihrer Liedtexte reichen von Feminismus über Rechte für LGBT[36] bis zur Kritik an Präsident Wladimir Putin und der Verbindung der Führungsriege der ROK mit dem russischen Staat[37] – alles Themen, die im inneren Diskurs der ROK keine Rolle spielen.
In Bezug auf den Namen der Künstlergruppe erklärt ein Mitglied namens *Kot* (Kater) Folgendes: die Mitglieder hätten sich deshalb für den Namen ihrer Gruppe entschieden, da sie die Verbindung von *pussy* und *riot* als ein Oxymoron verstünden. Man sei sich sehr wohl über die vulgäre Bedeutung des Wortes *pussy* in der englischen Sprache bewusst. Jedoch beschreibt dies nicht nur das weibliche Geschlechtsteil, sondern auch eine zärtliche Anrede eines Mädchens (Katze, Kätzchen). Diese Auslegung erklärte Maria Aljochina während einer Gerichtsverhandlung im Oktober 2012: Der

---

Даниила „Даниловцы“ (Meschregionalnoe molodeschnoe obschtschestwennoe dwischenie w podderschku prawoslawnych molodeschnych iniziatiw wo imja swjatogo blagowernogo knjazja Daniila „Danilowzy“).

36 Rechte für Lesben, Schwule, Bisexuelle und Transsexuelle (lesbian-gay-bisexual-transgender)

37 Kaschin, Oleg: *Putin's message: if you're pro Pussy Riot you're against the Orthodox church*, http://www.theguardian.com/commentisfree/2012/aug/17/pussy-riot-putin-message, abgerufen am 15.9.2015 um 15:37.

Name ihrer Gruppe ins Russische übersetzt solle „die Rebellion der Kätzchen" bedeuten[38]. Besonders gefällig sei die Spannung zwischen dem einerseits liebevollen und andererseits aggressiven Teil dieser Wortverbindung[39]. Aljochina wies auf die missverständliche Übersetzung im Zusammenhang mit einem Kommentar Wladimir Putins hin, den der damalige russische Premierminister während eines Interviews mit Wadim Takmenjew in der Sendung „Zentral'noe telewidenie" auf NTW gegeben hatte. Auf die Frage des Interviewers hin, ob er wisse, was der Name der Gruppe ins Russische übersetzt bedeute, erklärte Putin, dass er dieses Wort nicht aussprechen wolle, da der Begriff „pussy" im Russischen eine anzügliche Bedeutung habe.

Man kann grundsätzlich darüber streiten, mit welcher Bedeutung man das Wort „pussy" übersetzen soll – als „Kätzchen" oder „Muschi". Entscheidend für das Verständnis der Kunst von *Pussy Riot* ist die dahinterstehende Botschaft, die mit den Kunstaktionen der Punkgruppe ausgedrückt werden soll – und zwar eine Kampfansage an die bestehenden sozialen und politischen Verhältnisse, ausgedrückt anhand radikaler Performancekunst im Stil des Punk-Rock. Da die Menschen nach Meinung der Künstlerinnen nach nicht anders auf die sozial-politischen Missstände in Russland aufmerksam gemacht werden könnten, müsse Provokation als Mittel eingesetzt werden. Diese Provokation wird überdies in ihren Liedtexten ausgedrückt.

Da *Pussy Riot* eine Verkommerzialisierung ihrer Kunst ablehnen, steht die Mehrzahl ihrer selbst gedrehten Videos über das Internet zur freien Verfügung. Diese Videos sind unter dem Titel „Ubej seksista" (Убей сексиста, Töte den Sexisten) zusammengefasst.

Einer der ersten öffentlichen Auftritte von *Pussy Riot* erfolgte im November 2011 im Zusammenhang mit den bevorstehenden Präsidentschaftswahlen im März 2013. In der Moskauer U-Bahn trugen

---

38 o.A.: *Алехина: Pussy Riot переводится как "Бунт кисок"* [*Aljochina: Pussy Riot perewoditsja kak "Bunt kisok"*], http://grani.ru/Politics/Russia/President/m.207244.html, abgerufen am 15.9.2015 um 17:25.

39 Flintoff, Corey: *In Russia, Punk-Rock Riot Girls Rage Against Putin*, http://www.npr.org/2012/02/08/146581790/in-russia-punk-rock-riot-girls-rage-against-putin, abgerufen am 15.9.2015 um 19:33.

einige Frauen von einem Gerüst herab ein Lied mit dem Titel „Oswobodi brustschatku“ (Освободи брусчатку, Befreie den Pflasterstein) vor. Dabei schütteten sie Daunenfedern auf den Bahnsteig. Mit dem Lied wurde den Russen angeraten, gegen die anstehenden Präsidentschaftswahlen so zu protestieren, wie dies im Arabischen Frühling passierte. In diesem Zusammenhang folgten noch weitere öffentliche Performances, deren Textinhalte eindeutig gegen den kandidierenden Präsidenten Wladimir Putin gerichtet waren und für einen Boykott der anstehenden Präsidentschaftswahlen warben. Die treibende Kraft für diese Aktionen war ein möglicher Tausch der Posten zwischen Wladimir Putin und Dmitrij Medwedew bei den Präsidentschaftswahlen, auf den *Pussy Riot* aufmerksam machen wollten.

Eine weitere Aktion der Punkband war inspiriert von den Ereignissen des 24. Dezember 2011. An diesem Tag nahmen rund 100.000 Menschen an den Anti-Putin-Demonstrationen im Zentrum Moskaus teil. Die Gruppe schrieb ein Lied namens *Putin sassal* (Путин зассал, Putin hat Schiss), das von acht Mitgliedern der Gruppe auf dem Lobnoje Mesto des Roten Platzes in Moskau aufgeführt wurde[40]. Während der Performance wurde eine Rauchbombe gezündet. In dem Lied rufen die Künstlerinnen zu einem Volksaufstand gegen die russische Regierung und zur Besetzung des Roten Platzes auf. Ein Mitglied namens „Schajba“ (im Deutschen soviel wie: Scheibe, Blechscheibe, Puck) erklärte der Financial Times:

> „Wir haben gesehen, wie Soldaten rund um Moskau in Bewegung waren, Hubschrauber wurden eingesetzt, das Militär wurde in Alarmbereitschaft versetzt. Das Regime hatte an diesem Tag seine Hosen nass und das Symbol dieses Regimes ist Putin.“ [Übers. d. Autorin][41]

Der Auftritt führte zu einer kurzzeitigen Verhaftung der Beteiligten und sie mussten eine Geldstrafe für eine illegal abgehaltene Protestaktion zahlen.

---

[40] Mirolaev, Mansur: *A guide to Pussy Riot's oeuvre*, http://www.dailytribune.com/article/20120818/NEWS05/120819465/a-guide-to-pussy-riot-s-oeuvre, abgerufen am 15.9.2015 um 20:49.

[41] Chernov, Sergey: *Female Fury*, http://pussy-riot.livejournal.com/11020.html (engl.), abgerufen am 17.9.2015 um 15:24.

Die Sturmhauben, die *Pussy Riot* während ihrer Auftritte tragen, werden von einigen Kritikern als ein Zeichen von Feigheit betrachtet. Andererseits könne diese Semiotik im Sinne Slavoj Žižeks auf eine der Botschaft inhärente Idee hin referieren. Die Gedanken sind frei, und die Sturmhauben dienen als Code, der die Aufmerksamkeit des Adressaten auf den Inhalt der Lieder lenken soll:

> „Ihre Botschaft ist: IDEEN SIND WICHTIG. Sie sind Konzeptkünstler im edelsten Sinne des Wortes: Künstler, die eine Idee verkörpern. Deshalb tragen sie Sturmhauben: Masken für eine Ent-individualisierung, für eine befreiende Anonymität. Die Nachricht ihrer Sturmhauben ist, dass es keine Rolle spielt, welche von ihnen verhaftet wird – sie sind nicht Einzelpersonen, sie sind eine Idee. Und das ist, was sie zu solch einer Bedrohung macht: Es ist einfach, eine Person zu inhaftieren, aber versucht einmal, eine Idee einzusperren!“[42]

Je härter also der Staat mit seinen politischen Gegnern und Kritikern umgeht, desto wichtiger wird die Allegorie, die *Pussy Riot* darstellen: Die Botschaft ist die radikale Ablehnung bestehender politischer Verhältnisse. Und diese gehören abgeschafft, denn Kritik sei in Russland nicht erwünscht und würde grundsätzlich unterdrückt und diffamiert.

Allerdings wäre zu hinterfragen, wer auf welche Art und Weise Kritik übt und vor welchem Hintergrund dies geschieht. Entscheidend beim Beurteilen der Kritik ist, welche Lesart man wählt.

Um ein gewisses Misstrauen der russischen Öffentlichkeit gesellschaftlich nonkonformen Gruppierungen, Organisationen oder NGOs gegenüber zu verstehen, muss ebenfalls auf die Finanzierung dieser Vereinigungen geschaut werden. Denn das am 13. Juli 2013 vom russischen Parlament verabschiedete Gesetz, das politisch aktive und aus dem Ausland finanzierte Nichtregierungsorganisatio-

---

42 “Their message is: IDEAS MATTER. They are conceptual artists in the noblest sense of the word: artists who embody an Idea. This is why they wear balaclavas: masks of de-individualization, of liberating anonymity. The message of their balaclavas is that it doesn't matter which of them got arrested — they're not individuals, they're an Idea. And this is why they are such a threat: it is easy to imprison individuals, but try to imprison an Idea!” Žižek, Slavoj: *“The True Blasphemy”: Slavoj Žižek on Pussy Riot*, http://chtodelat.wordpress.com/2012/08/07/the-true-blasphemy-slavoj-zizek-on-pussy-riot/, abgerufen am 17.9.2015 um 17:12.

nen (NGOs) verpflichtet, sich als „ausländische Agenten“ anzumelden, weist nur darauf hin, dass einerseits ein großes Bedürfnis besteht, Übersicht, Kontrolle und Transparenz über die politischen Aktivitäten dieser Organisationen zu haben. Andererseits beschreibt dieses Gesetz die Skepsis dem Westen gegenüber, dessen deutliches Engagement über diese Organisationen als ein „Einmischen“ in innerrussische Angelegenheiten betrachtet wird.[43] Je mehr eine Organisation aus dem Ausland Finanzen erhält, desto unglaubwürdiger und suspekter erscheint diese mit ihrem Anliegen in der russischen Öffentlichkeit. Dieser Umstand führt weiterhin dazu, dass zwischen offiziellen russischen wie auch den nicht-russischen politischen Akteuren oftmals keine vorurteilsfreien Diskussionen über die sozial-politischen Probleme Russlands geführt werden können. Das Problem solch einer divergenten Wahrnehmung von Ereignissen manifestiert sich somit auch in der Beurteilung des Kirchenauftrittes von *Pussy Riot*: Solche Art von Provokationen, die im Westen Verständnis und Zustimmung finden, werden als eine Einflussnahme des Westens auf innerrussiche Angelegenheiten verstanden. Über die problematischen politischen Verhältnisse zwischen Russland und dem Westen nach dem entgültigen Fall des Kommunismus im Jahre 1991 gibt es verschiedene Analysen und Publikationen, auf die hier nicht näher eingegangen werden soll. Hingegen soll bemerkt werden, dass es nicht verwunderlich ist, wenn sozial-politisch nonkonforme Gruppierungen und Organisationen, die aus dem Ausland finanziert werden, in Russland grundsätzlich mit Skepsis betrachtet werden. So auch *Pussy Riot*.

Über die Finanzierung von *Pussy Riot* gibt es keine eindeutigen Aussagen. Gleichwohl kann man Behauptungen finden – und diese sind bislang nicht widerlegt worden –, dass die Gruppe durch eine ausländische Organisation namens NED (National Endowment for Democracy)[44] finanziert wird und Oksana Tschelyscheva, Vor-

---

[43] Vgl. Bundeszentrale für politische Bildung, *Russland geht gegen NGOs vor*, http://www.bpb.de/politik/hintergrund-aktuell/157181/russland-geht-gegen-ngos-vor, abgerufen am 17.9.2015 um 17:46.

[44] Das NED ist eine US-amerikanische, staatlich finanzierte Nichtregierungsorganisation mit dem erklärten Ziel der weltweiten Förderung der Demokratie.

standsmitglied der Russisch-Tschetschenischen-Freundschaftsgesellschaft[45], die Öffentlichkeitsarbeit (public relations) für *Pussy Riot* in der Hand hält. Auch wenn die Finanzierung der Gruppe sekundär für die Bewertung des Auftrittes in der Christ-Erlöser-Kathedrale ist, kann sie eine Einflussgröße darstellen, die auf hinter dem Auftritt stehende Motive hinweisen kann.

Nun stellt, wie bereits erwähnt, die Aufführung des Punkgebetes den Höhepunkt der Popularität von *Pussy Riot* dar. Die Wahl des Ortes für diesen Auftritt fiel nach Aussage von *Pussy Riot* aufgrund der Lobrede des Patriarchen auf Wladimir Putin auf die Christ-Erlöser-Kathedrale, mit der nun der politische Kampf um die Macht in aller Deutlichkeit artikuliert worden war. Dieser politische Machtkampf, der während der Proteste im März 2012 in die heißeste Phase eintrat, war auch indirekt ein Kampf der ROK um ihren bis dahin politisch gestützen sozialen Einfluss. Wladimir Putin war der einzige Kandidat, der in solch einer Deutlichkeit der Kirche staatliche Untersützung und Förderung für die Zeit nach den Wahlen zusicherte. Dass sich die ROK überhaupt im Wahlkampf politisch äußerte, wurde von der russischen Öffentlichkeit allerdings erwartet.

Beispielsweise verfasste, unter anderem, am 16. Januar 2012 der damals in England lebende Unternehmer, Politiker und Oligarch Boris Beresowskij einen öffentlichen Brief an Patriarch Kirill I.[46], in dem er den Patriarchen dazu aufforderte, bei der Entmachtung

---

45 Die Russisch-Tschetschenische-Freundschaftsgesellschaft ist eine in Finnland basierte Nichtregierungsorganisation, die zum Ziel hat, die Einhaltung der Menschenrechte in Tschetschenien und dem Nordkaukasus zu überwachen und über Menschenrechtsfragen in diesen Regionen zu berichten. Im Oktober 2006 wurde die Gesellschaft im Zusammenhang mit der Affäre um einen im März 2004 getätigten Abdruck zweier Erklärungen des tschetschenischen Untergrund-Präsidenten Aslan Maschadow und Achmed Sakajew, dem gegenwärtigen Ministerpräsidenten der tschetschenischen Exilregierung, in Russland geschlossen. In ihren Erklärungen riefen die beiden Personen zu Friedensverhandlungen auf und erhoben gleichzeitig schwere Vorwürfe gegen die russische Führung. Seitdem gilt die Gesellschaft als eine extremistische Organisation. Infolge dessen wurde die Gesellschaft nach Finnland verlegt und am 30. Oktober 2007 offiziell registriert.

46 Березовский, Борис: *Открытое письмо Предстоятелю Русской Православной Церкви Патриарху Кириллу [Otkrytoje pis'mo Predstojatel'ju Russoj Prawoslawnoj Zerkwi Patriarchu Kirillu]*, http://echo.msk.ru/blog/berezovski/849154-echo/, abgerufen am 19.9.2015 um 12:57.

Wladimir Putins zu helfen und somit die Macht dem Volke friedlich und auf kluge, christliche Weise zu übergeben. Sollte es jedoch zu Blutvergießen kommen, würde sich Putin vor dem Volk, seinem Gewissen und der Geschichte zu verantworten haben – der Patriarch aber vor Gott. Daher habe der Patriarch die Verantwortung, die Geschichte zu beeinflussen, damit es gerade nicht zu einem Blutvergießen komme.

Die gesellschaftlich-politische Stimmung im Machtkampf um das Präsidentenamt war mehr denn je aufgeheizt und wurde äußerst kontrovers bewertet. Es wurde nicht nur agitiert und polemisiert, sondern auch auf den Straßen protestiert und, im Sinne von *Pussy Riot*, künstlerisch opponiert. Denn es ging auch um die Frage, wie sich Russland in den Folgejahren positionieren und ausrichten wird.

1.2 Die politische Stimmung vor den Präsidentschaftswahlen 2012

Die politische Protestbewegung 2011/2012 begann nach der Parlamentswahl (Duma) im Dezember 2011. Der Anlass für die Proteste waren Mutmaßungen über Wahlfälschungen. Während der Dumawahlen soll es zu Unstimmigkeiten und Manipulationen gekommen sein, mittels derer die Partei Wladimir Putins „Einiges Russland“ erneut als Sieger hervorgegangen sei. Diese Verdächtigungen sind jedoch bis dato nicht belegt worden.

Die Ergebnisse der Parlamentswahl sahen folgendermaßen aus: Trotz eines starken Stimmenverlustes von ca. 15 Prozent ging die Partei „Einiges Russland“ mit 49,5 Prozent als stärkste Partei hervor. Die Kommunisten kamen auf 19,15 Prozent der Stimmen, Gerechtes Russland auf 13,17 Prozent und die Liberaldemokratische Partei von Wladimir Schirinowski auf 11,66 Prozent. Die Wahlbeteiligung lag in etwa bei 60,21 Prozent[47].

---

[47] Bundeszentrale für politische Bildung, *Duma-Wahlen in Russland*, http://www.bpb.de/politik/hintergrund-aktuell/68649/duma-wahl-in-russland-01-12-2011, abgerufen am 21.9.2015 um 13:16.

Nachdem Wladimir Putin im Jahre 2008 das Amt des Präsidenten an Dmitri Medwedew übergab – Putin konnte laut Verfassung nach zwei Amtsperioden in Folge nicht erneut zur Wahl antreten – und derweil als Ministerpräsident fungierte, stellte er sich 2012 erneut zusammen mit vier weiteren Kandidaten (Sergej Mironow, Wladimir Schirinowski, Gennadi Sjuganow und Michail Prochorow) zur Wahl. Noch auf dem Parteitag von „Einiges Russland" im September 2011 wurde Putin von seiner Partei mit 100 Prozent der Stimmen zum Präsidentschaftskandidaten gewählt. Es war vorgesehen, dass Medwedew die Rolle des Regierungschefs übernehmen sollte. Nach der Veröffentlichung dieser Wahlergebnisse gingen vielerorts Hunderttausende zu Protestierenden auf die Straßen. Auch Vertreter mehrerer außerparlamentarischer Oppositionsgruppen und einiger in der Duma vertretenen Oppositionsparteien nahmen an den Demonstrationen teil[48].

Diese Kundgebungen zählen zu der größten Protestwelle in der jüngeren Geschichte des Landes. Auf den 20 zugelassenen von insgesamt 228 angemeldeten Kundgebungen in Moskau und Umgebung gab es laut Statistik des OVD-Info 5.169 Festnahmen[49]. Die De-

48 U.a. Boris Nemzow, Wladimir Ryschkow und Michail Kasjanow. Ebenso nahmen der Schriftsteller Boris Akunin und die Chefredakteurin der regimekritischen Zeitung „New Times" Jewgenija Albaz teil. Sergei Mitrochin, der Vorsitzende der liberalen *Jabloko*, sowie ihr Gründer Grigori Jawlinski beteiligten sich wie Gennadi Gudkow von *Gerechtes Russland*. Die *Kommunistische Partei der Russischen Föderation* hielt mit ihrem Vorsitzenden der Fraktion im Moskauer Stadtparlament Andrei Klytschkow eine Rede. Zu den weiteren Teilnehmern an Demonstrationen gehörten Vertreter der an Garri Kasparows und Boris Nemzows Bündnis *Das andere Russland* teilnehmenden rechtsradikalen *Nationalbolschewistischen Partei* von Eduard Limonow, der linksradikalen Linken Front und der ultraliberalen Oppositionsgruppe *Solidarnost*. Ferner nahmen an den Demonstrationen Nationalisten, Anarchisten, Libertäre und Anhänger der Piratenpartei teil. Vgl. Ludwig, Michael: *Größte Demonstrationen seit dem Ende der Sowjetunion*, http://www.faz.net/aktuell/politik/ausland/proteste-in-russland-groesste-demonstrationen-seit-dem-ende-der-sowjetunion-11557275.html, abgerufen am 21.9.2015 um 14:41.

49 Im eigentlichen Sinn bezeichnet OVD (ОВД) die exekutive Staatsmacht, die Polizei. OVD-Info ist ein Projekt, das im Zusammenhang mit den Protestkundgebungen in Moskau von ehemaligen politischen Gefangenen ins Leben gerufen wurde. OVD-Info dokumentiert, informiert und verfolgt den Fortgang der politischen Festnahmen. Vgl. Webseite von OVDInfo.org - Мониторинг государственного насилия [Monitoring gosudarstvennogo nasilija], http://ovdinfo.org/, abgerufen am 21.9.2015 um 16:23.

monstranten forderten unter anderem den Rücktritt von Ministerpräsident Wladimir Putin und des Staatspräsidentens Dmitri Medwedew sowie eine Resolution für Neuwahlen. Auf der kremlkritischen Internetplattform *kasparov.ru* wurden zudem folgende fünf Punkte schriftlich festgehalten[50]:

- die Freilassung aller politischen Gefangenen
- die Annullierung des mutmaßlich gefälschten Ergebnisses der Parlamentswahl
- der Rücktritt des kremlnahen Wahlleiters Wladimir Tschurow, die Untersuchung aller Fälschungsvorwürfe und die Bestrafung der Verantwortlichen
- die Zulassung aller Oppositionsparteien zur Abstimmung
- ein neues demokratisches Wahlgesetz

Da nach den anhaltenden Protesten kein Richtungswechsel eingeschlagen wurde, setzten sich die Proteste bis zu den Präsidentschaftswahlen am 4. März 2012 und sogar darüber hinaus fort. Das Besondere an dieser Präsidentschaftswahl war zudem die Tatsache, dass es die erste Wahl war, bei der der neue Präsident Russlands für eine Amtszeit von sechs statt bisher vier Jahren bestimmt werden sollte. Diese gesetzliche Abänderung der Dauer der Amtszeit des Präsidenten (ab 2012) geschah auf Grundlage der Abänderung des *Föderativgesetzes der Russischen Föderation über die Korrektur der Verfassung der Russischen Föderation vom 30. Dezember 2008, Nr. 6-FK3*.[51] Im Zuge dessen wurde auch die Legislaturperiode der Staatsduma ab den Wahlen 2011 auf fünf statt bisher vier Jahre verlängert.

---

50 o.A.: *Как итог* [*Kak itog*], http://www.kasparov.ru/material.php?id=4EE359EA07512, abgerufen am 21.9.2015 um 18:12.

51 Федеральный закон Российской Федерации о поправке к Конституции Российской Федерации от 30 декабря 2008 г. N 6-ФКЗ [Federal'nyj zakon Rossijskoj Federacii o poprawke k Konstitucii Rossijskij Federacii ot 30 dekabrja 2008 g. N 6.FK3; Das föderative Gesetz der Russischen Föderation zur Abänderung der Verfassung der Russischen Föderation vom 30. Dezember 2008. N6-FK3], http://rg.ru/2008/12/31/konstitucia-popravki-dok.html, abgerufen am 21.9.2015 um 20:44.

Aufgrund der entschieden anti-liberalen Politik, die unter Wladimir Putin in die russische politische Kultur eingezogen ist, gilt er gegenwärtig als einer der meist umstrittenen und kritisierten politischen Akteure im politischen Weltgeschehen. Aus Sicht der Befürworter seiner politischen Linie ist es erst unter seiner Führung gelungen, Russland wirtschaftlich-sozial zu konsolidieren und in den Jahren nach dem Zusammenbruch der Sowjetunion, insbesondere nach den Krisenjahren 1998 und 1999, zu stabiliseren. Kritiker wiederum behaupten, dass die wirtschaftlich-soziale Stabilisierung einhergegangen sei mit dem Verlust der persönlichen Freiheit und der Pressefreiheit sowie einer Entdemokratisierung („gelenkte Demokratie“). Unter dem Regime von Putin habe sich eine Zentralisierung und Vertikalisierung der Machtverhältnisse durchgesetzt, die dem vorrevolutionären, zaristischen Russland ähnelten[52].

Gleichwie umstritten die Person Wladimir Putin sein mag – Tatsache ist, dass er sich bis heute großer Beliebtheit im eigenen Land erfreuen kann[53]. Dies bekräftigten die Ende Februar 2012 veröffentlichten Ergebnisse von Umfragen mehrerer Meinungsforschungsinstitute – und deshalb konnte sich Putin eines Sieges bereits vor den Wahlen sicher sein. Den Umfragen des Lewada-Zentrums zufolge gaben etwa 66 Prozent der Wähler an, für Wladimir Putin stimmen zu wollen. Die beiden staatlichen Meinungsforschungsin-

---

52 Einer der bekanntesten Kritiker des Putinschen Regimes war Anna Stepanowna Politkowskaja. Anna Politkowskaja war eine bekannte Journalistin, die besonders durch ihre Reportagen über Tschetschenien für die Moskauer Tageszeitung „Nowaja Gazeta“ berühmt war und mit mehreren Preisen und Ehrungen ausgezeichnet wurde. Sie wurde am 7. Oktober 2006 in ihrem Haus ermordet. Politkowskaja machte in ihren Büchern Putins Politik der harten Hand verantwortlich für die Kriege in Tschtetschenien, die Geiselnahmen im Moskauer Dubrowka-Theater und in Beslan, die Korruption, Mangel an Unabhängigkeit der Justiz in Russland sowie die Verbrechen, die innerhalb der russischen Armee geschehen. So kritisiert sie in ihrem Buch „Putins Russland“ Wladimir Putin für seine harte Politik, die der eines Zaren gleich komme: „[...] ‚будет Путин, обязательно, и только Путин, и никого, кроме Путина, он – наше все, он добрый, он думает за всех. Царь. Народ, ты же любишь добрых царей?“ Politkowskaja, Anna: *In Putins Russland*, Köln 2005, 310.

53 Selbst im Januar 2016 würden ca. 75 Prozent der vom Meinungsforschungsinstitut FOM befragten Personen Wladimir Putin als Präsidenten wählen. Vgl. ФОМ: *В. Путин: рейтинг, отношение, оценки работы*, http://fom.ru/Politika/10946, abgerufen am 23.9.2015 um 9:18.

stitute WZIOM (Wserossijskij zentr izutschenija obschtschestwennogo mnenija) und FOM (Fond obschtschestwennogo mnenii) rechneten mit einer Zustimmung von rund 59 Prozent für den Regierungschef[54].

Im Kontext der umstrittenen Dumawahlen wie auch der voraussehbaren Wahl Putins zum neuen alten Präsidenten Russlands wurden die Präsidentschaftswahlen 2012 von einem beachtlichen Engagement der Oppositionsbewegung und einiger Regierungskritiker begleitet. Unter anderem riefen mehrere Oppositionelle, angeführt von Garri Kasparow, vor der Präsidentschaftswahl eine Kampagne namens „Putin dolschen ujti" («Путин должен уйти», „Putin muss gehen") ins Leben. Diese Kampagne hatte zum Ziel, möglichst viele Unterschriften von russischen Bürgern zu sammeln, um Wladimir Putins Kandidatur als Präsident zu vereiteln. In jenem Appell wurde der damals amtierende Präsident Dmitri Medwedew als bloßer Statthalter Putins bezeichnet („Simeon Bekbulatowitsch"[55]) und Putin vorgeworfen, sich verfassungswidrig eine lebenslängliche Präsidentschaft verschaffen zu wollen und das Entstehen einer freien Gesellschaft zu behindern.

In diesem hitzigen politischen Klima wurden *Pussy Riot* mit ihren öffentlichen Performances aktiv. Ihr Punkgebet allerdings war ihrer Aussage nach nicht allein gegen Putins Kandidatur zum Präsidenten, sondern auch gegen das enge Verhältnis von Kirche und Staat in Russland gerichtet. Denn Kirche und Staat haben in Russland eine historisch gewachsene und theologisch begründete Verbindung, die unvereinbar mit dem Bild über das Verhältnis von Kirche und Staat im mitteleuropäischen Raum, insbesondere in der

---

54 Siehe http://www.levada.ru/24-02-2012/vybory-prezidenta-rf-elektoralnye-reitingi-prezentatsiya, http://wciom.ru/index.php?id=459&uid=112547, http://fom.ru/politika/10339;
deutschsprachig: http://www.spiegel.de/politik/ausland/praesidentschaftswahl-russland-putin-liegt-in-umfragen-deutlich-vorne-a-817357.html, abgerufen am 23.9.2015 um 11:26.

55 Simeon Bekbulatowitsch war von 1575 bis 1576 Herrscher Russlands. Er wurde von Iwan dem Schrecklichen eingesetzt und im Folgejahr wieder durch Iwan ersetzt. Danach lebte er als Mönch.

deutschsprachigen Kultur, ist. Dieses Verhältnis soll nun im folgenden Kapitel – aus historischer (insbesondere der postsowjetischen) wie auch theologischer Sicht – behandelt werden.

1.3 Russisch-Orthodoxe Kirche (ROK) und Politik in Russland

1.3.1 Die Rolle der ROK in der postsowjetischen russischen Gesellschaft

Aktuell heißt es in Artikel 14 der russischen Verfassung:

1. Die Russländische Föderation ist ein weltlicher Staat. Keine Religion darf als staatliche oder verbindlich festgelegt werden.
2. Die religiösen Vereinigungen sind vom Staat getrennt und vor dem Gesetz gleich.

Das gegenwärtige Verhältnis zwischen der ROK und Staat zeigt allerdings andere Bestrebungen, die die gesetzlich garantierte Trennung von Staat und Kirche in Russland in Frage stellen.

Im Zuge der systemischen Veränderungen im Jahre 1990 wurde ein neues Religionsgesetz sowohl für die damals noch bestehende Sowjetunion als auch für die später neu entstehende Russländische Teilrepublik der UdSSR, die RSFSR, formuliert und ratifizert. Diese Gesetze sollten die individuelle wie kollektive, negative wie positive Religionsfreiheit garantieren. Der ROK wurden im Zuge der Resitution Kirchen und Klöster ins Eigentum übergeben, neue Ausbildungsstätten und Seminare wurden eröffnet. Darüber hinaus wurde die Religionsfreiheit in der russischen Verfassung 1993 bekräftigt. Unter diesen Bedingungen konnte die ROK seit dem Zusammenbruch der Sowjetunion ihre Stellung in Gesellschaft und Staat konsolidieren, ausbauen und erneut ihre missionarische Tätigkeit aufnehmen. Auch andere Religionsgemeinschaften konnten von der Gesetzgebung profitieren: Die historisch in Russland verwurzelten Religionsgemeinschaften (Buddhismus, Islam, Judentum, Schamanismus etc.) konnten sich reorganisieren und eine Vielzahl an neuen religiösen Gruppierungen tauchten auf (neue christliche Denominationen). Allerdings wurde eine zunehmende Nähe zwischen Staat und ROK sichtbar, denn beide Institutionen erkannten die Vorteile und das Potenzial einer gesellschaftlichen Konsolidierung nur in der gegenseitigen Förderung. Laizistisch eingestellte Gruppierungen und Vertreter religiöser Minderheiten interpretierten diese Nähe als einen Bruch der Verfassung, garantiere diese doch Gleichheit unter allen Religionsgemeinschaften und schließe zugleich eine Staatskirche aus.

Im Kontext des neu belebten religiösen Lebens und der Freiheit in Russland spielten vornehmend die sozialen Probleme eine Rolle, die der Staat in Zusammenarbeit mit der ROK zu lösen versuchte.

Denn die neu gewonnene Freiheit brachte nicht nur positive Seiten mit sich: wirtschaftliche und soziale Probleme wie u.a. Massenarmut und Drogen-/Alkoholmissbrauch prägten die Zeit der 1990er. Man suchte in dem Chaos nun eine neue gesellschaftliche Identität zu finden, die den neu importierten westlichen Werten ein Gegengewicht zu setzen vermochte. In dieser Situation wurden die orthodoxen, national orientierten und antiwestlichen Stimmen lauter, die eine Revision des Religionsgesetzes verlangten. Insbesondere sollte den ausländischen Missionaren der Zugang zum Land erschwert werden. Mehrere Regionen beschlossen gar eigene lokale Gesetze, um die missionarischen Aktivitäten dieser Missionare einzuschränken.

Infolgedessen wurde 1997 ein neues russisches Religionsgesetz „Über die Gewissensfreiheit und die Religionsvereinigungen" („O свободе совести и о *религиозных* объединениях", „O swobode sowesti i o religioznych ob'jedinenijach") verfasst, welches zwei klare Ziele verfolgt:

1. Der Russisch-Orthodoxen Kirche des Moskauer Patriarchates sollte ein Vorrang gegenüber den anderen Religionsgemeinschaften eingeräumt werden;

2. Der Einfluss von Sekten sollte zurückgedrängt oder ausgeschaltet werden.

Vorausgegangen war ein Streit zwischen Patriarch Alexej II. und dem damaligen Präsidenten Jelzin über die erste Fassung des Gesetzesentwurfes. Jene vom Parlament bereits beschlossene Fassung hatte Jelzin zunächst mit der Begründung abgelehnt, dass das Gesetz in einigen Punkten nicht der russischen Verfassung entspreche (u.a. Art. 14). In dem Gesetz, das z.B. die Ausbreitung von Sekten in Russland beschränken sollte, wurden lediglich die orthodoxe Kirche, der Buddhismus, der Islam und das Judentum als Religionen anerkannt, die hätten frei ausgeübt werden können. Andere religiöse Gruppen hätten vor ihrer offiziellen Anerkennung nachweisen müssen, dass sie bereits mindestens 15 Jahre in Russland ansässig seien. Somit hätte diese Regelung gleichsam Katholiken wie auch Protestanten betroffen. Durch das erhobene Veto überarbeitete ein Vermittlungsausschuss das umstrittene Gesetz, dessen neue Fassung am 26. September 1997 von Jelzin ratifiziert wurde. In seiner Präambel hebt das Gesetz die „traditionellen" Religionen Russlands hervor, jedoch mit Betonung auf die Orthodoxie. Darin heißt es, dass „die besondere Rolle der Orthodoxie in der Geschichte Russlands bei der Entstehung und Entwicklung seiner Spiritualität [duchownost'; Geistigkeit] und Kultur" anerkannt und „Christentum, Islam, Buddhismus, Judentum und andere Religionen, die einen integralen Bestandteil des historischen Erbes der Völker Russlands bilden", wertgeschätzt werden[56]. Dieser Formulierung nach lässt sich eine klare Hierarchisierung in den Religionsgemeinschaften ableiten, wonach die Orthodoxie an oberster Stelle steht. An zweiter Stelle folgen diejenigen Religionen, die mit einem der in Russland traditionell beheimateten Völkern historisch verbunden sind: der Islam als Religion von Tataren, Baschkiren oder Tschet-

---

56 Federal'nyj zakon 4465, in: *Sobranie zakonodatel'stwa Rossijskoj Federacii*, 39/1997, S. 7666-7678; digital unter: http://base.consultant.ru/cons/cgi/online.cgi?req=doc;base=LAW;n=195956;fld=134;from=149069-426;rnd=203280.8846822587228624;;ts=0203280680950648438367 4, deutsch: Über die Gewissensfreiheit und die Religionsvereinigungen, in: OSTEUROPA, 7/1998.

schenen, der Buddhismus der Kalmycken und Burjaten, das Judentum, aber auch nicht namentlich genannte Naturreligionen. Die Formulierung „Christentum“ (anstatt, wie zuvor, „Orthodoxie“) muss in diesem Kontext als ein Verweis nicht nur auf das orthodoxe Christentum als Religion von Russen oder Ukrainern verstanden werden, sondern umfasst ebenfalls das Luthertum der Russlanddeutschen, der Esten und Finnen sowie den Katholizismus von Polen und Litauern. An dritter Stelle stehen diejenigen Religionen, die nicht traditionell mit einer ethnischen Gruppe innerhalb Russlands verbunden sind[57].

Diese Hierarchisierung der Religionen spiegelt die historisch gewachsene religiöse Zugehörigkeit in der heutigen russischen Bevölkerung wider. Heutzutage bekennt sich die Mehrheit der russischen Bevölkerung zum orthodoxen Glauben. Seit dem Ende der Sowjetunion ist die Zahl derer, die sich als gläubig bezeichnen, kontinuierlich gestiegen (23 Prozent im Jahre 1991, heute variiert diese Zahl zwischen ca. 41-79 Prozent)[58]. Trotz dieser stark variierenden Angaben über die religiöse Zugehörigkeit der Russen ist es Tatsache, dass heutzutage die Zugehörigkeit zur Orthodoxie eine dominante Position innerhalb der russischen Gesellschaft einnimmt. Im Unterschied zur gegenwärtigen deutschen Gesellschaft, in der das Christentum nicht unbedingt als identitätsstiftendes Merkmal der nationalen Zugehörigkeit verstanden wird, steht die religiöse Zugehörigkeit in Russland in einem engen Zusammenhang mit der Volkszugehörigkeit (национальность, nazional'nost'). Unter anderem ist dieser Gedanke bereits in der sogenannten „russischen

57 Landesweit haben traditionelle protestantische Glaubensgemeinschaften (Baptisten, Pfingstler, „Evangelische“) an Bedeutung gewonnen. Auch neue religiöse Bewegungen, wie z.B. das Maria-Zentrum, die Weiße Bruderschaft, die Kirche des Dritten Testaments, aber auch Scientology, die Zeugen Jehovas und Billy Graham machten und machen heute viel von sich reden.

58 Filina, Olga: *Mapping Russia's religious landscape*, http://in.rbth.com/articles/2012/09/01/mapping_russias_religious_landscape_17333.html, abgerufen am 2.10.2015 um 17:36.; Левада-Центр - Аналитический центр Юрия Левады [Lewada-Zentr – Analititscheskij zentr Jurija Lewady]: Россияне о религии и церкви *[Rossijan'e o religii i zerkwi]*, http://www.levada.ru/11-10-2012/rossiyane-o-religii-i-tserkvi, abgerufen am 2.10.2015 um 17:49.

Idee“[59] begründet, die die russische Orthodoxie als Teil der geistigen und nationalen Identität des russischen Menschen versteht. Die orthodoxe Religion wird somit als ein wesentlicher Bestandteil der Identität des russischen Menschen verstanden. Diese besondere Rolle der ROK wollte man mit dem beschriebenen Religionsgesetz von 1997 betonen und fixieren, determinierte man jedoch einen Widerspruch zur Verfassung.

Das Religionsgesetz verfolgte allerdings noch ein weiteres Ziel. Man versuchte dem wachsenden Pluralismus vorzubeugen, der insbesondere zu Beginn der 1990er Jahre als Teil einer chaotisch-anarchischen Periode in Russland erfahren wurde. Noch vor den Religionsgesetzen des Jahres 1990 tauchten einige Sondergemeinschaften und ausländische nicht-traditionelle religiöse Gemeinschaften in Russland wieder auf, die mit einer starken finanziellen Ausstattung und für russische Verhältnisse ungewohnten Vitalität missionarisch aktiv wurden. Beispielsweise eröffneten 1988 die Sieben-ten-Tags-Adventisten ein Verwaltungszentrum in Tula, 1988 wurde in Moskau eine Hare-Krishna-Gemeinde registriert, 1990 eine Molokanen-Gemeinschaft. 1991 fand im Gebiet von Irkutsk ein lokaler Kongress der Zeugen Jehovas statt. Auch die Scientologen hatten Zulauf finden können: 1993 wurde im Kremlpalast die russische Übersetzung des Buches von Hubbard „Dianetik“ öffentlich vorgestellt und mittlerweile soll es in Russland in ca. 40 Städten Dianetik-Zentren und Hubbard-Colleges geben. Einige Sondergemeinschaften ließen sich als soziale Organisationen registrieren, z.B. das spirituelle Zentrum „Ishvara“ oder die Meister-Ramina-Garaew-Ordensmission „Schwarzer Lotos“.

---

[59] Unter der „russischen Idee“ verstand man ursprünglich einen Kreis von Problemen im geistigen Leben Russlands, die von den Philosophen zu Anfang des Jahrhunderts, etwa zehn Jahre vor der Oktoberrevolution, aufgeworfen wurden. Dabei wurden wichtige gesellschaftspolitische oder kulturgeschichtliche Themen unter einem eschatologischen Blickwinkel gefasst, der heute im Diskurs zwischen „Wir“ und „Ihr“ bzw. die Dichotomie des „Eigenen“ und „Fremden“ (im Gegensatz zum Westen/Europa) aufgenommen wird. Im Zentrum steht der russische Messianismus (im Sinne des Soziologen N. J. Danilewski: Moskau als das wahre Zentrum des Christentums) als höchster geistiger Wert und als höchste Realität. Als einer der geistigen Väter gilt der Philosoph und Schriftsteller Nikolai Berdjajew.

Damit war ein Konflikt praktisch vorprogrammiert, denn die Aktivität der Neuankömmlinge wurde misstrauisch beäugt. Den „totalitären" Sekten und den aufstrebenden un-orthodoxen Religionsgemeinschaften wurde Proselytismus[60] vorgeworfen und deren missionarische Tätigkeit als Konkurrenz betrachtet, die insbesondere Jugendliche zu willenlosen Fanatikern machten. Daher sollten deren Aktivitäten möglichst eng begrenzt werden. In dieser Frage fiel die anti-westliche Haltung von Politik und ROK zusammen und einmal mehr erkannten sie sich als Partner, die sich das gemeinsame Ziel der Konsolidierung von Gesellschaft und Macht setzten. So entstand in der Verfolgung gemeinsamer Interessen das Prinzip der gegenseitigen Förderung zur Regelung der Machtverhältnisse. Denn eine der großen neuzeitlichen politischen Aufgaben stellt aus Sicht von Politik und ROK die Herstellung einer Einheit der russischen Gesellschaft dar. Als eine der zentralen Bedrohungen für die nationale Sicherheit wird im Erlass (russ. ukaz) „Über die nationale Sicherheitsstrategie der Russischen Föderation bis zum Jahr 2020"[61] die „extremistische Tätigkeit nationalistischer, religiöser, ethnischer und anderer Organisationen und Strukturen, die auf die Zerstörung der Einheit und territorialen Integrität der Russischen Föderation, auf die Destabilisierung der innenpolitischen und sozialen Situation im Lande gerichtet sind", definiert. Um die nationale Sicherheit „in der Sphäre der Kultur" zu gewährleisten, seien deshalb die „Bewahrung und Entwicklung der eigenständigen Kulturen des multinationalen Volks der Russischen Föderation" ebenso nötig wie die „Stärkung der geistigen Einheit des multinationalen Volkes der Russischen Föderation" und der „Aufbau eines Systems geistiger

---

[60] Vgl. hierzu ausführlicher Willems, Joachim: *Lutheraner und lutherische Gemeinden in Russland. Eine empirische Studie über Religion im postsowjetischen Kontext.* Martin-Luther-Verlag, Erlangen 2005.

[61] Erlass des Präsidenten der Russischen Föderation „Zur Strategie der nationalen Sicherheit der Russischen Föderation bis zum Jahre 2020" vom 12.5.2009, Nr. 537: *Указ Президента Российской Федерации "О Стратегии национальной безопасности Российской Федерации до 2020 года" от 12.05.2009 N 537 [Ukaz Prezidenta Rossijskoj Federazii „O Strategii nazional'noj bezopasnosti Rossijskoj Federazii do 2020 goda" ot 12.5.2009 N 537]*, Punkt 37, http://to18.minjust.ru/press/news/ukaz-prezidenta-rf-ot-12052009-no-537-o-strategii-nacionalnoy-bezopasnosti-rossiyskoy, abgerufen am 13.10.2015 um 13:48.

und patriotischer Erziehung der Bürger Russlands"[62]. Solch eine Denkweise erscheint paranoid und obsolet, denn angesichts des multiethnischen und multireligiösen Charakters der russischen Gesellschaft scheint es eindeutig, dass die staatlliche Religionspolitik nicht auf eine ausschließliche Föderung des orthodoxen Christentums beschränkt sein kann. Mit der Idee eines auf der ethnisch-religiösen Zugehörigkeit begründeten Nationalismus entsteht aber eine scheinbar unüberbrückbare Spannung zwischen den Konzepten: ein Russland, geformt aus „Russländern" (rossijane), oder ein Russland, geformt allein aus Russen (russkie).

Während das erstere die ethnische und religiöse Diversifizierung umfasst, schließt das zweite genau dies aus. Um diese Spannung möglichst erfolgreich zu minimieren, versucht man in Russland einen dritten Weg zu gehen: man geht den zweiten Weg, integriert dabei auch den ersten[63].

Auch innerhalb der russischen Gesellschaft wird diese wechselseitige Förderung und Begünstigung von Staat und Kirche nicht von jedermann gutgeheißen. Ein Großteil der Befragten einer Umfrage des Lewada-Zentrums im März 2013 lehnt zwar eine politische Aktivität der ROK ab und sieht den Auftrag der Kirche im sozialen Dienst (geistige und moralische Bildung der Gesellschaft, Spenden der Sakramente etc.)[64], allerdings scheint sich diese kritische Haltung nur auf die Umfrage zu beschränken. Die ROK begründet ihre

---

62 Ebd. Punkt 83f.

63 Als Putin nun im Februar 2012 die Religionsführer traf, waren Vertreter aller in Russland „traditionellen" Religionsgemeinschaften (Muslime, Altgläubige, Buddhisten, Juden) anwesend.

64 Bei einer Umfrage des Lewada-Zentrums, durchgeführt im März 2013, sprach sich die Mehrheit der Befragten (etwa 44 Prozent) dafür aus, dass die Kirche das gesellschaftliche Moraldenken unterstützen und fördern sollte. Außerdem solle die Kirche den geistigen Bedürfnissen der Gläubigen gerecht werden (43 Prozent), den sozial Schwachen und Bedürftigen helfen (36 Prozent) sowie beim Erhalt der kulturellen Tradition unterstützend wirken (33 Prozent). Eine politische Einflussnahme der ROK lehnte die ausgesprochene Mehrheit der Befragten (ca. 65 Prozent) ab. Auch solle keine Verpflichtung einer Teilnahme am neu eingeführten Schulfach „Grundlagen der religiösen Kulturen und der weltlichen Ethik" bestehen (60 Prozent der Befragten qualifizierten dies als eine freiwillige Teilnahme). Vgl. Левада-Центр - Аналитический центр Юрия Левады [Lewada-Zentr – Analititscheskij zentr Jurija Lewady]: *Религия и церковь в общественной жизни [Religija i zerkow w obschtschestwennoj schizni]*,

politische Aktivität aus theologischer Sicht und sieht ihre Rolle nicht allein beschränkt auf die Ausübung von Riten und den sozialen Dienst. Diese theologische Denkart kann wie folgt erklärt werden: Eine auf christlichen Werten basierende Gesellschaft ordnet alle Bereiche des Lebens – Politik, Wirtschaft, Bildung etc. – einander zu und bildet eine in sich geschlossene Einheit. Daher kann ein vom christlichen Wertesystem überzeugter Mensch nicht anders handeln, als dass er seine moralischen Ansichten auch im säkularen Bereich (Politik, Wirtschaft, Bildung etc.) anwendet. Demnach habe die Kirche die Aufgabe und Pflicht, das Leben der säkularen Welt proaktiv zu beeinflussen. Eine Tätigkeit orthodoxer Priester beim Militär und im Bildungssektor bei der Erziehung zu Patriotismus sowie bei der Bekämpfung von sozialen Problemen – angefangen bei der Prostitution über den Alkoholismus bis hin zur geringen Geburtenrate – sei unabdingbar.

Diese theologische Sicht auf die politische Aktivität wie auch auf die besondere partnerschaftliche Beziehung zum Staat ist ferner Teil der historisch entwickelten theologischen Idee, die weit bis in die byzantinische Zeit zurückreicht. Denn das Modell der Partnerschaft von Staat und Kirche beruht im Gegensatz zum westlichen Verständnis auf einem symbiotischen Prinzip, gennant *Symphonia*. Die Idee der *Symphonia* soll nun im folgenden Kapitel aus kulturhistorischer Sicht dargestellt werden. Dabei soll auch auf die Vor- und Nachteile solch einer engen Beziehung zwischen Staat und Kirche eingegangen werden.

1.3.2 Das byzantinische Erbe als theologisches Prinzip

Seit dem Fall Konstantinopels an die Osmanen unter den Muslimen 1453 versteht sich die ROK als Erbin und Hüterin der byzantinisch-orthodoxen Tradition. In diesem Zusammenhang übernahm sie auch die byzantinische Auffassung des Verhältnisses von Kirche und Staat, das auf der Überzeugung basiert, dass die Interessen von

---

http://www.levada.ru/18-04-2013/religiya-i-ts erkov-v-obshchestvennoi-zhizni-0, abgerufen am 13.10.2015 um 18:51.

Kirche und Staat in einer harmonischen Beziehung zueinander stehen (die sog. *Symphonia*). Hier beschreibt der Terminus *Symphonia* das Prinzip einer sich im Zustand der Harmonie und Synergie befindenden weltlichen und kirchlichen Macht – analog zur Göttlichen und menschlichen Natur Christi, die unzertrennbar und unvermischt seien.
Als einer der ersten Verfasser des Konzeptes der *Symphonia* gilt Kaiser Justinian I., der diese in der sechsten Novelle des *Corpus Iuris Civilis* für den Patriarchen Epiphanios (535) formulierte. Im Vorwort unterstreicht Justinian I. die Tatsache, dass beide Mächte aus einer Quelle stammen.

> „Zwei hohe Gaben sind den Menschen von der göttlichen Gnade verliehen: Das Priesterthum und die Regierung des Staates; jenes besorgt den Kirchendienst, diese steht den übrigen Angelegenheiten des Menschen vor; beide gehen von demselben Ursprunge aus; beide sind Zierden des menschlichen Lebens. Nichts liege daher den Kaisern mehr am Herzen, als die Würde der auch für sie betenden Kirchendiener. Denn sind diese tadellos und gottesfürchtig, leitet die Regierung gewissenhaft den ihr anvertrauten Staat, so giebt es einen guten Klang, und nur das Beste kann dem Menschengeschlechte erspriessen.“[65]

Im byzantinischen Denken betrachtete man den Staat als einen einheitlichen Organismus, in dem Körper und Geist wohnen. Deshalb besteht im Denken Justinians keine Trennung von Staat und Kirche als unabhängig voneinander existierende Entitäten. Wenn Justinian von einer *Symphonia* zwischen der Priesterschaft/der Kirche und dem Kaiser/Staat spricht, dann meint er keine Harmonie bzw. Verschmelzung, aber eine interne Kohärenz, also eine Gleichberechtigung zwischen diesen beiden Entitäten. Diese sollten daher auch mit einer eigenen Jurisdiktion ausgestattet sein. Für Justinian fallen Staat und Kirche zusammen: im geographischen Sinne wie auch in ihrer Zielsetzung und der Zusammensetzung der Glieder. Der Herrscher habe auf Erden einen göttlichen Dienst zu erfüllen und die Kirche habe wiederum zur Aufgabe, das sakramental zu verwirklichen, was die christlichen Glaubenswahrheiten seien. Auf

65 Freiesleben, C.F.: *Novellen, Bd. 7*, in: Otto, C.E./Schilling, B. (Hrsg.): Das Corpus Juris Civilis ins Deutsche übersetzt von einem Vereine Rechtsgelehrter, Leipzig 1833, S. 40.

diese Weise solle das Volk Gottes auf dem Pilgerweg auf Erden auf das Leben nach dem Ableben vorbereitet werden.
Darüber hinaus wurde im Epanagoge (mittelbyzantinisches Gesetzbuch, um 886 n. Chr.) das Verhältnis von Kirche und Staat staatsrechtlich fixiert. Beide Entitäten werden darin als eine Einheit unter dem Vorsitz von Kaiser und Patriarch konzipiert, die idealerweise in Harmonie zum Wohle der Menschheit beitragen. Der Kaiser solle das materielle Wohlergehen seiner Untertanen fördern, der Patriarch ihre Seelsorge.
Welche Vor- und Nachteile entstehen aber, wenn Staat und Kirche in solch symphonischem Wechselverhältnis stehen? Wie ist dieses Verhältnis, das aus theoretischer Perspektive einen ‚gesunden Organismus' formen sollte, im Laufe der Zeitgeschichte in Russland realisiert worden?
Die Vor- und Nachteile in dieser symphonischen Beziehung zwischen Staat und Kirche in Russland lassen sich anhand der Höhen und Tiefen in der Entwicklungsgeschichte aufzeigen, die sich in fünf Hauptepochen unterteilen lässt: die Zeit der Kiewer Rus (860-1240), der Moskauer Staat (1240-1700), die Petersburger Periode (1700-1917), die sowjetische (1917-1991) und post-sowjetische Periode (nach 1991).
Nachdem die byzantinischen Gelehrten und Priester Kirill und Method (bekannt als die Slawenapostel) im 9. Jhd. n. Chr. die ersten Samen des christlichen Glaubens auf slawischem Boden (Ziel der Missionierung war Großmähren) gelegt hatten, folgte im Jahre 988 die Taufe Russlands anlässlich der Vermählung von Wladimir I. mit Prinzessin Anna von Byzanz, welche das byzantinische Christentum in die Ehe mitbrachte. Zu dieser Zeit galt das Patriarchat der Rus' als eine Metropolie des Patriarchats von Konstantinopel. Mit dem Kirchenschisma im Jahre 1054, in dem die orthodoxe und die katholische Kirche getrennte Wege gingen, wurde die Autonomie der orthoxen Kirche erheblich gefördert. Zudem ereigneten sich später im 13. Jhd. n. Chr. zwei weitere wichtige Ereignisse, die das Selbstbewusstsein der orthodoxen Kirche in Russland stärkten und das Machtzentrum der Slawen immer weiter gen Norden verschoben hatten: die Einnahme Konstantinopels im Zuge der Kreuzzüge

(1204) und die Einnahme Kiews durch die Mongolen (1240). Um Moskau herum erwuchs zunehmend ein neues Machtzentrum, das sich während der Mongolenherrschaft gegen Polen-Litauen durchgesetzt hatte. Letztendlich wurde der Sitz des Metropoliten im Jahre 1326 nach Moskau verlegt. Die orthodoxe Kirche wendete sich zunehmend von der Westkirche ab und entschied sich für ein Bündnis mit den Mongolen, in deren Reich eine Art „Ökumene“ der Weltreligionen bestand. Die Kirche konnte sich verhältnismäßig frei bewegen und entfalten, da die geistlichen Institutionen aus dem despotischen System der Mongolen ausgeklammert waren.
Michail Pokrowskij erklärt, dass die Kirche unter den Mongolen eine Zeit von völliger Immunität erleben konnte, mehr als irgendwo anders in Europa zu Zeiten des Mittelalters[66]. Die Immunität bestand vor allem in der Befreiung der Geistlichen von außerordentlichen Steuern.

> "By enumerating taxes and services from which clergymen and their estates were exempt, the *yarlyki* [immunity charters] tell us what the rest of the Russian population – those who enjoyed no immunities – had to pay or to do. They go far beyond the basic tribute (*dan'*) payments, listing a series of other levies: the *tamga* (customs duty or basic city tax), *popluzhnoe* ('plough money,' a tax on tilled land), the *iam* and *podvody* (obligations to provide horses, also known in Kievan Rus'), *poshlina* ('traditional duty'), voina (obligation to furnish recruits or 'soldiers' tax,' possibility paid in years when no recruits were drafted), *korm* (subsistence payments), myt (local duty on goods), and others."[67]

> „Beim Aufzählen der Steuern und Dienstleistungen, von denen die Geistlichen und ihre Güter befreit waren, zeigen die *jarlyki* [sog. Immunitätsurkunden] auf, was der Rest der russischen Bevölkerung – also diejenigen, die keine Immunität genossen – zu zahlen oder zu tun hatten. Sie gehen weit über die grundlegenden Zahlungen von Tributen hinaus (*dan'*) und listen eine Reihe von anderen Abgaben auf: die *tamga* (Zoll oder reguläre Kurtaxe), *popluschnoje* (‚Pfluggeld‘, eine Steuer auf bebaute Grundstücke), die *jam* und *podwody* (Verpflichtung zur Bereitstellung von Pferden, auch in der Kiewer Rus‘ bekannt), *poschlina* (‚traditionelle Pflicht‘), *Wojna* (Verpflichtung zur Erbringung von Rekruten oder einer ‚Soldatensteuer‘. Die

[66] Pokrovskii, Mikhail: *History of Russia from the Earliest Times to the Rise of Commercial Capitalism*, translated by J. Clarkson and M. Griffiths, New York 1930, S. 98.
[67] Vgl. Dewey, Horace W.: *Russia´s Debt to the Mongols in Suretyship and Collective Responsibility*, in: Comparative Studies in Society and History, Apr. 1988, Vol. 30, No. 2, p. 261f.

Möglichkeit einer Abzahlung der Steuer in Raten, wenn keine Rekruten eingezogen wurden), *korm* (Tagegeld), *myt* (lokale Abgabe auf Güter), und andere." [Übers. d. Autorin]

Die zunehmende Bedrohung Konstantinopels durch die Osmanen stärkte die Auffassung eines Anspruches auf das Primat Moskaus unter den orthodoxen Kirchen. Am 15. Dezember 1448, fünf Jahre vor dem Fall des bereits zunehmend handlungsunfähigen Konstantinopels, wählte die Synode der russischen Bischöfe ohne voriges Einverständnis des Patriarchen von Konstantinopel Bischof Iona von Rjasan zum ‚Metropoliten von Kiew und ganz Russland', was eine faktische Abtrennung von der byzantinischen Mutterkirche bedeutete. Der Fall Konstantinopels 1453 unter den Osmanen und somit des oströmischen Reiches stärkte die Annahme Moskaus, ein Primat unter den orthodoxen Kirchen beanspruchen zu können, denn es gab keinen Kaiser mehr, der als oberster Protektor der Orthodoxie in Erscheinung trat. An diesem Punkt trafen die sakuläre, politische Macht der russischen Fürsten sowie die aufstrebende religiöse Macht, die sich als Garant der Stabilität der Orthodoxie – das dritte Rom – verstand, aufeinander. Bereits der Nachfolger Wassilis, Iwan III. (1462–1505), der die Nichte des letzten byzantinischen Kaisers, Sofia Palaiolog, geheiratet hatte, übernahm den Kaisertitel und orientierte sich am byzantinischen Hofzeremoniell. Unter diesen Bedingungen zeigte auch die orthodoxe Kirche zunehmendes politisches Engagement, um die aufsteigende Macht der Zaren zu etablieren und um die eigene Position als religiöse Autorität gesichert zu wissen.
Gleichwohl bröckelte das Ideal eines symphonischen Verhältnisses mit dem Zarentum unter Iwan IV. (auch bekannt als Iwan der Schreckliche, 1530-1584). Dieser führte ein autokratisches Regime, setzte das Zarenamt über das geistliche Amt des Patriarchen (*Cäsaropapismus*) und erklärte die Kirche zum Werkzeug der Konsolidierung des damals zersplitterten Russischen Reiches. Zu diesem Zweck setzte er die Hundertkapitelsynode ein, zu der er Vertreter aus allen Regionen seines Landes nach Moskau einlud, um die wichtigsten Fragen zu Kirche und Orthodoxie (Liturgie, Ikonenmalerei, Architektur) in Russland zu besprechen und somit der ROK

ein klares Profil zu geben. Den Höhepunkt erreichte der Cäsaropapismus mit der Selbstbetitelung Iwans IV. als ‚Heiliger und gottgekrönter Zar und Selbstherrscher von ganz Russland'.
Eine vollkommene Einbeziehung der Kirche in die Staatspolitik der Zaren wurde bei der Abschaffung des Patriarchats erst unter Peter I. erreicht. Dieser duldete keinen Patriarchen als selbständiges Haupt der ROK, sondern ersetzte diesen durch den Heiligen Synod (Januar 1721). Der Heilige Synod (ein Führungsgremium an der Spitze der ROK) unterstand der Gewalt des Zaren und an dessen Spitze stand der vom Zaren ernannte weltliche Prokurator. Peter I. sah in der Kirche einen Gegner seiner Reformpolitik, da die Auffassungen der orthodoxen Kirche den säkularisierten und westlichorientierten Reformbemühungen widerstrebten. Unterstützt von protestantisch geprägten Theologen (z.B. Feofan Prokopowitsch) erstrebte Peter I., die Kirche nach dem lutherischen Modell zu organisieren. Erst mit der Oktoberrevolution 1917 wurde der Synod abgeschafft – und die Kirche konnte sich erneut eine Patriarchatsverfassung geben (Patriarch Tichon war ihr erster Patriarch).
Auch in den letzten beiden Epochen der Beziehungen zwischen Staat und Kirche wird erkennbar, dass sich die Kirche kaum ohne Interventionen bzw. Einfluss seitens des Staates entwickelt hat.
Nach dem Zusammenbruch des Russischen Reiches 1917/1918, wurde die Kirche unter staatlicher Kontrolle systematisch aus dem öffentlichen Leben verdrängt. An diesem Punkt erfuhr die ROK die radikalste Periode der Verfolgung. Alles Eigentum wurde konfisziert und zu Staatseigentum erklärt. Das Bekenntnis zur Orthodoxen Kirche, zum christlichen Glauben überhaupt, marginalisierte den Menschen in der sowjetischen Gesellschaft. Viele Gläubige entsagten entweder dem Glauben oder wurden aufgrund des Festhaltens an diesem verfolgt bzw. ermordet. Priester wurden verhaftet, gefoltert und ermordet (von 175 000 verhafteten Priestern starben 100 000). Kirchen wurden umfunktioniert, geschlossen oder zerstört. KGB-Mitarbeiter warben Kirchenmitglieder zu Spionagezwecken ab, und das internationale Ansehen der ROK wurde gezielt kompromittiert. Daher spaltete sich die russisch-orthodoxe Auslandskirche von der Mutterkirche in Russland ab und vereinigte

sich erst wieder im Jahre 2007 mit ihr. Ende der 1980er Jahre bat Raissa Gorbatschowa den Patriarchen Pimen um tätige Hilfe in den Vorstädten der sowjetischen urbanen Zentren, weil die kommunistische Partei, wie sie sagte, den Zugang zur sowjetischen Jugend verloren habe. Das atheistische, sozialstische Experiment war am Ende und hinterließ ein großes moralisches und kulturelles Vakuum – einen Trümmerhaufen. Der ideelle Verlust, der Verlust eines gesellschaftlich einigenden Wertesystems, war eines der großen zu bewältigenden Probleme, die im Nachlass des Sozialismus eröffnet worden sind.

Gerade nach dem Zusammenbruch des sozialistischen Systems entstand ein Bedürfnis nach Sinn, denn die materiellen Angebote konnten das entstandene sozio-kulturelle Vakuum nicht füllen. Hier erhielt die ROK die Möglichkeit, ihr gesellschaftliches Wirken auszubauen und den Menschen Orientierungshilfe zu leisten. Zunehmend mehr Menschen begannen sich zur Orthodoxie zu bekennen. So begann die Rückkehr der Kirche im Rahmen von Glasnost und Perestrojka im Jahre 1988, als Staat und Kirche gemeinsam mit großem Aufwand die Tausendjahrfeier der Christianisierung Russlands als symbolträchtiges patriotisches Ereignis begangen. Vorausgegangen war eine am 29. April 1988 im Kreml von Michail Gorbatschow iniitierte Begegnung mit Patriarch Pimen und fünf Metropoliten, mit der der Wille der politischen Macht zum Dialog mit der ROK ausgedrückt werden sollte. In diesem Rahmen sicherte Gorbatschow das dringend notwendige Gesetz über die Gewissensfreiheit und religiöse Vereinigungen zu. Mit der neu gewonnenen Religionsfreiheit erlebte die russische Orthodoxie ein Wiedererwachen nach einer langen Periode der Verfolgung und Unterdrückung in der Sowjetunion. Zuweilen erwuchs der Eindruck, als wäre die Kirche damals bestrebt gewesen, die Situation von der Zeit vor 1917 wiederherzustellen – zwar ohne das Charakteristikum der staatlichen Kontrolle über die Kirche, wie zur Zarenzeit, jedoch mit der Überzeugung, dass Russland ein zweifelsfrei orthodox geprägtes Land sei. Auch hat das neumoderne Verständnis des Verhältnisses zwischen Kirche und Staat kaum Einfluss auf das orthodoxe Bild einer symphonischen Beziehung genommen. Eben diese Vorstellung zeigt sich heute in der neu aufgelebten besonderen Beziehung zwischen Staat und Kirche dergestalt, dass die Kirche den staatlichen Schutz ersucht, denn sie versteht generell das Christentum als die gegenwärtig am stärksten verfolgte und bedrohte Religionsgemeinschaft. Vielmehr ist zunehmend spürbar, dass die gesellschaftliche Stellung der ROK seit Putins Machtantritt im Jahre 2000 gestärkt worden ist. Erklären lässt sich dies durch die Tatsache, dass die weitgehende Unterstützung Putins durch die Kirchenleitung der ROK eine Konsequenz aus der Entwicklung Russlands in den 1990er Jahren ist. Während im Westen die Deutung vorherrscht, dass mit dem Zerfall der Sowjetunion ein positiver Wechsel zu Demokratie und Freiheit eingeleitet wurde, bedeutete die Umverteilung während der Zeit des Umbruchs 1990 bis 1994 für große Teile der Bevölkerung den sozialen Abstieg. In diesem Sinne versteht auch Patriarch Kirill I. die 1990er Jahre nicht als eine Zeit einer neu erworbenen Freiheit, sondern als eine Zeit, in der ein „vollständiges Chaos der Ideen“[68] geherrscht habe. Kirill vergleicht die 1990er Jahre mit den schlimmsten Phasen der russischen Geschichte: der Zeit der Wirren im frühen 17. Jahrhundert, der Invasion Napoleons, dem Bürgerkrieg nach 1917, der Aggression durch Nazi-Deutschland. Denn bei diesen historischen Ereignissen sei es um die Existenz des Landes und des Volkes gegangen. So sei es unter anderem zur „Plünderung des Staates und der Gesellschaft“, zur „Zerstörung der Wirtschaft und Politik“ und des ganzen Landes gekommen[69]. Das Hauptelement dieser Zerstörung sieht Kirill in den konsumorientierten westlichen Werten und daher könne das multinationale Russland ohne ein vereinigendes (Werte)System nicht überleben. Vor diesem Hintergrund beschrieb Patriarch Kirill Putin als ein „Wunder Gottes“, der es geschafft habe, das Land innerhalb seiner

---

68 o.A.: *Патриарх Кирилл: молодым людям важно понять, через что прошла Россия в 1990-е [Patriarch Kirill: molodym ljudjam waschno ponjat‘, tscherez schto proschla Rossija v 1990-e]*, http://fedosino.ru/rossiya-v-1990-e.html, abgerufen am 18.10.2015 um 17:43.

69 Ebd.

ersten beiden Amtszeiten aus der Krise der 1990er Jahre herauszuführen[70].

Mit dieser Haltung unterstützt Patriarch Kirill zum einen den Kurs Putins gelenkter Demokratie, die zu einer Modernisierung Russlands in Übereinstimmung mit den „traditionell russischen Organisationsprinzipien der Gesellschaft“ und in Abgrenzung vom „westlichen Individualismus“ führen soll[71]. Zum anderen hebt er so die Bedeutung der ROK heraus, da sie stets die traditionellen Werte der Gesellschaft gefördert habe und die Einheit Russlands garantiere:

> „Die Kirche ist [...] das, was unser Volk verbindet. Sie ist die geistige Klammer, die Linie der Selbstidentifizierung unserer Nation, wenn wir dieses Gemeinwesen zerstören, dann zerstören wir unser Vaterland. [...] Deshalb war die Kirche immer das erste Ziel für diejenigen, die das Land zerstören wollten, die das Volksleben in innere Unordnung stürzen wollten.“[72]

Für Kirill sind Kirche und Staat heutzutage zugleich dafür verantwortlich, die gesellschaftliche Ordnung zu bewahren und den geschwächten Organismus von innen her zu heilen. Dies beschreibt auch die im August 2000 von der ROK verabschiedete Sozialdoktrin „Die Grundlagen der Sozialdoktrin der Russisch-Orthodoxen Kirche“ (*Основы социальной концепции Русской Православной Церкви [Osnowy sozial'noj konzepzii Russkoj Prawoslawnoj Zerkwi]*)[73]. Hier findet das Modell der *neuen Symphonia* in einem Sonderkapitel zur Frage des Verhältnisses von Kirche und Staat seinen

---

[70] Новикова, Анастасия: *Путин получил благословение на третий срок [Putin polutschil blagoslowenije na tret'ij srok]*.

[71] Einen Artikel Putins aus der Rossijskaja Gazeta vom 31.12.1999 zitierend. Stykow, Petra: *Die autoritäre Konsolidierung des politischen Systems in der Ära Putin*, in: Pleines, Heiko/Hans-Henning Schröder (Hrsg.): Länderbericht Russland (=Schriftenreihe der Landeszentrale für Politische Bildung, Bd.1066), Bonn 2010, S. 90.

[72] o.A.: *Проповедь Святейшего Патриарха Кирилла в день памяти святителя Ионы, митрополита Московского 28.6.2012 [Propowed' Swjatejschego Patriarcha Kirilla w den' pamjati swjatitelja Iony, mitropolita Moskowskogo 28.6.2012]*, http://www.patriarchia.ru/db/text/2310894.html, abgerufen am 19.10.2015 um 13:18.

[73] Russ. Version: *Основы социальной концепции Русской Православной Церкви [Osnowy sozial'noj konzepzii Russkoj Prawoslawnoj Zerkwi]*, http://prihod.rugraz.net/assets/pdf/Osnovi_socialnoj_koncepcii_Russkoj_Pravoslavnoj_Cerkvi.pdf, abgerufen am 19.10.2015 um 15:31.

Niederschlag. Zwar wird beim Modell der *neuen Symphonia*[74] eine leicht differenziertere Unterscheidung der Sphären von Staat und Kirche unternommen, als dies beim byzantinischen Modell der Fall ist. Im Dokument betont man den weltlichen Charakter des Staates, tritt allerdings zugleich für ein partnerschaftliches Verhältnis von Staat und Kirche ein und versichert dem Staat gegenüber seine Loyalität. Auch nimmt man ein Widerstandsrecht für die orthodoxen Christen in Anspruch, sollte „die gleichzeitige Erfüllung der Gehorsamspflicht gegenüber dem Staat einerseits und der Gebote aus der Vollkommenheit der Wahrheit andererseits nicht möglich sein". In solch einem Falle könne die Kirchenleitung Maßnahmen ergreifen, die bis hin zu einem Appell an ihre Mitglieder, „gewaltlosen, zivilen Widerstand zu leisten" (Sozialdoktrin – III.5)[75], reichen. Kirche und Staat seien auch hier im metaphorischen Sinne ein „göttlich-menschlicher Organismus", in dem der Staat „zum Zwecke der Herstellung von Ordnung im weltlichen Leben existiert" (Sozialdoktrin – III.1)[76]. Darüber hinaus wird betont, dass Gott den Staat als ein wesentliches Lebenselement in der von der Sünde korrumpierten Welt segne (Sozialdoktrin – III.2)[77]. Demzufolge haben Kirche und Staat miteinander zu kooperieren.

Die ROK definiert ihr Verhältnis zum Staat als ein säkulares, d.h. als eines, das „nicht durch religiöse Verpflichtungen gebunden" ist. In solch einem Verhältnis sollten zwar einerseits die „Wirkungsbereiche klar abgegrenzt sein und keine Überlagerung dieser stattfinden", andererseits bedeute dies nicht, dass die Religion „radikal aus allen Bereichen des menschlichen Lebens gedrängt werden" solle. Kurzum: Das Prinzip des säkularen Staates setze nur eine bedingte Trennung der Wirkungssphären von Staat und Kirche voraus, wobei keine Überlagerung dieser stattfinden solle (Sozialdoktrin – III.3)[78].

---

74 Vgl. Arola, Pauliina/Saarinen, Risto: *In Search of Sobornost and "New Symphonie". The Social Doctrine of the Russian Orthodox Church*, in: the ecumenical review 54 (2002/1), 130-141.

75 *Основы социальной концепции Русской Православной Церкви [Osnowy sozial'noj konzepzii Russkoj Prawoslawnoj Zerkwi]*, S. 10.

76 Ebd., S. 5.

77 Ebd., S. 6.

78 Ebd., S. 6f.

Im Gegensatz zu Teilen in der westlichen Kirche, die durch Ereignisse wie die Reformation und Aufklärung eine schrittweise Trennung vom Staat durchlaufen hat, behält die ROK im Grunde genommen bis heute das Prinzip der *Symphonia* bei. Dies hat zur Folge, dass der ROK häufig zum Vorwurf gemacht wird, dass sie der bekundeten Neutralität nicht Folge leiste und einer blinden Regierungshörigkeit unterliege. Dies zeige sich beispielsweise bei den letzten Präsidentschaftswahlen, bei denen der damalige Präsidentschaftskandidat Putin offenkundig unterstützt wurde. Ein derartiges Werben für Putin von geistlichen Würdenträgern war auf einer breiten Linie zu beobachten. So erklärte im Vorfeld der Duma-Wahlen auch Erzpriester Wsewolod Tschaplin, dass die Wahl Putins zum Präsidenten Russlands „eine lange Periode der Stabilität“[79] einleiten würde. Außerdem verteidigte er noch kurz vor der Präsidentschaftswahl am 27. Februar 2012 das Recht der ROK, sich für die Wahl Putins einzusetzen.

Ob die ROK tatsächlich politischen Einfluss auszuüben vermag, lässt sich schwer einschätzen. Zwar verfügt das Moskauer Patriarchat inzwischen über zahlreiche Verträge über die Zusammenarbeit mit Ministerien in Bildungseinrichtungen, Polizeistationen, Gefängnissen, Krankenhäusern und anderen Einrichtungen. Kirchenvertreter sitzen in staatlichen Gremien, regelmäßig treffen Beamte des Außenministeriums und Mitarbeiter des Patriarchats zu Beratungen zusammen. Auch wurde 2010 die Einrichtung einer gesetzlich geregelten Militärseelsorge[80] auf den Weg gebracht, das Schulfach „Grundlagen der religiösen Kulturen und der weltlichen Ethik“ (August 2009 unter Präsident Medwedew beschlossen, ab 2012 landesweit eingeführt) eingerichtet und die Staatsduma verabschiedete ein Gesetz zur Restitution des Kirchenbesitzes (Gosduma 2010). Das aktuelle Gesetz des Verbotes von Propaganda für „nicht-

---

[79] Чаплин, Всеволод (Прот.): *Избрание Путина президентом будет означать долгий период стабильности [Prot. Wsjewolod Tschaplin: Izbranie Putina prezidentom budet oznatschat‘ dolgij period stabil‘nosti]*, http://www.pravmir.ru/video-prot-vsevolod-chaplin-izbranie-putina-prezidentom-budet-oznachat-dolgij-period-stabilnosti/, abgerufen am 20.10.2015 um 9:31.

[80] Siehe weiter hierzu: Willems, Joachim: *Kirche und Armee. Religion und Politik in Russland.* In: Osteuropa 6/2009, S.235-248.

traditionelle Beziehungen“ (Juni 2013) ist auch dem Zutun der ROK zuzuschreiben. Andererseits ist zu erkennen, dass obschon sich die Politik gerne mit der Orthodoxie schmückt, sie den Forderungen der ROK meist nur dort nachkommt, wo diese ohnehin auf der Linie der politischen Agenda liegen. Beispielsweise fand die ROK mit ihrer Kritik am Krieg gegen Georgien und in Tschetschenien bei den politischen Entscheidungsträgern kein offenes Ohr[81].

Im Falle des Gerichtsprozesses gegen *Pussy Riot* hingegen muss nicht unbedingt davon ausgegangen werden, dass der gesamte Gerichtsprozess politisch instrumentalisiert wurde. Die Mehrheit der veröffentlichten Meinungen in Deutschland drückte die Vermutung aus, dass es die politische Lobby gewesen sei, die an solch einem harten Urteil interessiert gewesen sei. Die Oppositionellen in Russland sollten damit das Zeichen bekommen, sich nicht zu weit gegen die Machthaber aus dem Fenster zu lehnen. Allerdings sollte nicht außer Acht gelassen werden, dass *Pussy Riot* bereits vor dem Auftritt in der Christ-Erlöser-Kathedrale mehrmals an öffentlichen Orten und Kirchen mit provokativen Auftritten auf sich aufmerksam machten, infolge derer sie lediglich ermahnt bzw. zu leichten Geldstrafen verurteilt worden waren.

Beispielsweise hatte derselbe Auftritt in der Epiphanien-Kathedrale zu Jelochowo (Богоявленский собор в Елохове; Bogojawlenskij sobor w Jelochowe) zwei Tage zuvor kaum öffentliche Resonanz erfahren. Videoausschnitte aus jenem Auftritt dienten später dem zusammengestellten Videoclip zum Punkgebet. Dort hatten die Wachmänner jedoch die Frauen ohne besonderes Aufsehen aus der Kathedrale herausgebracht – nicht einmal eine Anzeige wurde erstattet.

Offenbar brachte der Auftritt in der Christ-Erlöser-Kathedrale das Fass zum Überlaufen. Denn die Christ-Erlöser-Kathedrale spielt für die Glaubensgemeinschaft der ROK eine symbolträchtige Rolle – vergleichbar mit dem Petersdom in Rom für die römisch-katholi-

81 Vgl. Willems 2009, S. 247.

sche Gemeinschaft. Während der politische Faktor als die entscheidende Kraft für den Gerichtsprozess bewertet wurde, ist der religiöse Faktor marginalisiert und z.T. bagatellisiert worden.

2. Die Diskussion um das Gerichtsurteil gegen *Pussy Riot*

2.1 Russland

2.1.1 Die Reaktionen in der russischen Öffentlichkeit

Nach dem Gerichtsurteil gegen die Mitglieder von *Pussy Riot* erhoben sich in Russland nur einige wenige kritische Stimmen und Proteste. Diese kamen insbesondere aus oppositionellen Kreisen in Politik, Kunst und Musik.[82] Obschon einige dieser Kritiker den Kirchenauftritt der Frauenband als geschmacklos bzw. verabscheuungswürdig („despicable")[83] bezeichneten, wie beispielsweise der Blogger, Aktivist und Oppositionsführer Alexej Nawalnyj, blieb ihm seiner Aussage nach nichts anderes übrig, als die Frauen trotzalledem zu unterstützen – hätte dies auch den Zorn einiger seiner Anhänger mit sich gebracht. Denn generell sieht sich die politische Opposition in Russland in ihrer Wahrnehmung bestätigt, dass Putin mit dem Urteil gegen die Mitglieder von *Pussy Riot* den Regierungskritikern einen Maulkorb auferlegen wollte.

Diese Kritik von Nawalnyj war kein Einzelfall. In einem Brief-interview mit der Süddeutschen Zeitung erklärte der Oligarch und Unternehmer Michail Chodorkowskij, dass es das Ziel des Verfahrens gewesen sei, den „Kritikern des Regimes eine Lektion zu erteilen" („[...] to teach critics of the regime a lesson.")[84]. Der Text in dem Punkgebet (панк-молебен) war seiner Meinung nach allein gegen Putin gerichtet und daher die ganze Angelegenheit rein politisch

---

82 Oppositionelle wie Garri Kasparov, Sergej Udalzov, Michail Chodorkovski oder auch Künstler wie Pjotr Pavlenskij und Alexander Kasparov.

83 Nawalnyj, Alexej: *Russian Activist Alexei Navalny: Pussy Riot Trial 'Reminds Me of the Inquisition'*, http://www.spiegel.de/international/world/spiegel-interview-with-russian-activist-alexei-navalny-a-850914.html, abgerufen am 5.11.2015 um 11:41.

84 o.A.: *Putin is Out of Touch with Reality*, http://www.khodorkovsky.com/sueddeutsche-zeitung-putin-is-out-of-touch-with-reality/, abgerufen am 5.11.2015 um 14:29.

motiviert gewesen. Die politische Führung versuche, die Gesellschaft einzuschüchtern, um Nachahmern vorzubeugen. Allerdings berge solch eine Reaktion des Staates die Gefahr eines gegenteiligen Effekts: und zwar jene, dass die Staatsmacht zunehmend den Sinn für die Realität[85] zu verlieren scheine und damit den „Mechanismus eines Arabischen Frühlings fördere, indem sie die Menschen vor die Wahl stelle, sich mit der Situation abzufinden oder zu rebellieren“[86].

Wiktor Jerofejew, einer der bekanntesten zeitgenössischen russischen Schriftsteller, erklärte in einem Interview mit dem Spiegel die möglichen Gründe für die mehrheitliche Zustimmung zum Gerichtsurteil in der russischen Gesellschaft. Mit der Aktion in der Christ-Erlöser-Kathedrale hätten die Frauen die „Achillesferse“ der gegenwärtigen russischen Gesellschaft getroffen: die Vereinigung von Staatsideologie und der Ideologie der ROK in Russland[87]. Die russische Gesellschaft sei noch keine aufgeklärte Gesellschaft, in der nicht auch ein „iranisches Modell“[88] vorstellbar wäre. In einer religiös-orthodoxen Gesellschaftsordnung wie der russischen sei eine Identifizierung von Freunden und Feinden viel klarer und der Staat habe somit mehr Möglichkeiten, die Macht in der Hand zu halten. Daher liege es im Interesse beider Seiten – in dem des Staates und in dem der Kirche –, die engen Beziehungen zueinander aufrechtzuerhalten und auszubauen. Den Befürwortern des Urteiles mangele es an Kenntnis der Theologie der Orthodoxen Kirche, welche eine „Tradition der Barmherzigkeit“ aufweise[89].

Die wenigen Forderungen nach einer Freilassung der Frauen erstickten jedoch in den Stimmen der Mehrheit der russischen Gesellschaft, die das Gerichtsurteil unterstützten. Viele Russen waren

---

85 Ebd.: „The traditional problem for autocrats – a loss of touch with reality.“

86 Ebd.: „The power itself is triggering an 'Arab Spring' mechanism by forcing people to make a choice: either silently accept things the way they are or rise up; it is itself eliminating the option of compromise.“

87 Jerofejew, Wiktor: *Schriftsteller Jerofejew im Interview: „Das Volk wollte eine harte Strafe“*, http://www.spiegel.de/politik/ausland/interview-mit-wiktor-jerofejew-zum-urteil-gegen-pussy-riot-a-850657.html, abgerufen am 5.11.2015 um 15:01.

88 Ebd.

89 Ebd.

über den Auftritt der jungen Frauen empört. Umfragen des unabhängigen Meinungsforschungsinstituts Lewada, bei welchen landesweit ca. 1.600 Russen befragt wurden, zufolge unterstützte die Mehrheit der Russen (86 Prozent) eine Bestrafung der Frauen (33 Prozent sprachen sich für eine Inhaftierung aus, andere für eine Geldstrafe). Nur etwa 6 Prozent sympathisierten mit den jungen Frauen. Auch hielten etwa 44 Prozent der Befragten das Gerichtsverfahren für objektiv, während nur 17 Prozent das Verfahren als ungerecht und parteiisch bezeichneten. Zudem wurde der Auftritt der Punkband in der Christ-Erlöser-Kathedrale von fast der Hälfte der Befragten (47 Prozent) als eine moralisch verwerfliche Aktion bewertet („участницы этой акции грубо нарушили нормы общественной морали“)[90], die insbesondere gegen die orthodoxe Öffentlichkeit gerichtet gewesen sei („возмущение православой общественности [...] послужило основаением судебного процесса“)[91].

2.1.2 Politisierung des Sakralen oder Sakralisierung des Politischen? Zu den Reaktionen innerhalb der Russisch-Orthodoxen Kirche

Während des Gerichtsverfahrens hatten *Pussy Riot* bis zur letzten Minute um ihre Freilassung gekämpft. Die Frauen betonten in Briefen und Statements, dass sie keinerlei Motive religiösen Hasses pflegten und keineswegs beabsichtigten, solch einen Hass zu provozieren. Ihre Intention für den Auftritt sei rein politischer Natur gewesen. Eine derartige Reaktion von Gläubigen und der ROK hätten sie ihrer Aussage nach nicht ahnen können. Ein erster Brief mit ih-

---

90 Website des Lewada-Zentr: Левада-Центр - Аналитический центр Юрия Левады [Lewada-Zentr – Analititscheskij zentr Jurija Lewady]: Россияне о деле *Pussy Riot* [Rossijan'e o dele *Pussy Riot*], http://www.levada.ru/31-07-2012/rossiyane-o-dele-pussy-riot, abgerufen am 5.11.2015 um 17:46.

91 Левада-Центр - Аналитический центр Юрия Левады [Lewada-Zentr – Analititscheskij zentr Jurija Lewady]: Треть россиян верит в честный суд над *Pussy Riot* [Tret‘ rossijan werit w tschestnyj sud nad *Pussy Riot*], http://www.levada.ru/17-08-2012/tret-rossiyan-verit-v-chestnyi-sud-nad-pussy-riot, abgerufen am 6.11.2015 um 10:42.

rer öffentlichen Stellungnahme wurde noch während ihrer Untersuchungshaft am 25. Juli 2012 von ihrem Anwalt N. Polozow über Facebook publiziert. In diesem Schreiben beschreiben die drei Frauen ihre ausweglose Situation[92]:

> „Мы находимся в отчаянных обстоятельствах, [...] Мы подчёркиваем, что не являемся сторонниками насилия, не держим ни на кого зла, наш смех является в каком-то смысле смехом сквозь слёзы, а сарказм — реакцией на правовой беспредел."

> „Wir befinden uns in einer verwegenen Lage, [...]. Wir betonen nochmals, dass wir keine Befürworter von Gewalt sind. Wir sind niemandem böse. Unser Lachen ist in gewisser Weise ein Lachen mit Tränen. Und der Sarkasmus ist eine Reaktion auf die Gesetzlosigkeit." [Übers. d. Autorin]

Das Ziel ihres Auftrittes sei es doch gewesen, die Menschen wachzurütteln und zum Denken anzuregen[93]. Zudem wollten sie ein Tabu brechen, das kircheninstitutionell die Werte ablehnt, die ihrer Meinung nach in der heutigen Zeit nicht mehr vertretbar seien:

> „Дело в том, что РПЦ (МП) ведет пропаганду крайне консервативных ценностей, в которые не вписываются такие понятия, как свобода выбора и формирования политической, гендерной и сексуальной идентичности, критическое мышление, мультикультурность, внимание к современной культуре." [94]

> „Es geht darum, dass die Russisch-Orthodoxe Kirche (Moskau) extrem konservative Werte propagiert, zu denen solche Begriffe wie Wahlfreiheit und die Bildung einer politischen, Gender- wie auch sexuellen Identität, kritisches Denken, Multikulturalität und die Beachtung der zeitgenössischen Kunst nicht passen." [Übers. d. Autorin]

Nach Ansicht von *Pussy Riot* ist die Kirche viel zu sehr politisch aktiv. Dabei versuche Patriarch Kirill die orthodoxen Gläubigen zu manipulieren und mische sich in politische Angelegenheiten ein, obwohl dies nicht seine Aufgabe sei. Dementsprechend entstehe in

---

92 Самуцевич Е., Толоконникова Н., Алёхина М.: *Письмо Pussy Riot [Pis'mo Pussy Riot]*, http://echo.msk.ru/blog/echomsk/912701-echo/, abgerufen am 6.11.2015 um 13:58.

93 Vgl. o.A.: *Pussy Riot: Искусство или политика? [Pussy Riot: Iskusstwo ili politika?]*, http://www.lookatme.ru/mag/archive/experience-interview/159845-hlystom-i-pryanikom, abgerufen am 6.11.2015 um 14:21.

94 Ebd.

der Öffentlichkeit ein Bild, dass orthodoxe Gläubige gewöhnlich apolitisch und passiv seien. Der Ambo hätte sich als Ort für die Performance gerade deshalb geeignet, da er symbolträchtig sei und für die politische Heuchelei des Patriarchats stehe.

Mit der Wahl des Ortes haben *Pussy Riot* allerdings zwei unterschiedliche Ebenen miteinander vermengt: den Ausdruck ihrer politischen Haltung einerseits und einen theologisch definierten Raum andererseits. Diesen Gedanken griff auch Patriarch Kirill I. in seiner Predigt vom 24. März 2012 auf, als er von der Verspottung der Heiligtümer sprach. Denn bei der Wahl eines nicht adäquaten Ortes zur Meinungsäußerung in einer orthodoxen Kirche – also an einem sakralen Ort – gehe es um ethisch-moralische Normen und nicht allein das politische Engagement. Politischer Protest solcher Art überschreite die Grenzen der Neutralität. Als orthodoxer Christ müsse man wissen, dass diese „Schändung“ mit nichts zu rechtfertigen sei und dieses Verhalten an die Zeiten erinnere, in denen die Verspottung der Heiligtümer mit Gewalt entschieden worden sei[95].

Auf diese Predigt hin reagierten *Pussy Riot* mit einer Antwort an den Patriarchen, in der sie ihrem „glühenden und aufrichtigen Gebet keine Verhöhnung und Gotteslästerung“ zuschrieben, sondern es – im Gegenteil – eine „Verteidigung der Heiligtümer“ gewesen sei:

> „Нас терзают подозрения в том, что святыня, которую вы считаете оскверненной, в ваших помыслах неразрывно связана с Путиным, который, по вашим словам, вернул ее Церкви. И потому молитву Богородице с просьбой прогнать того, кто ежедневными своими действиями оскверняет самые светлые идеалы человеческой жизни в России и все возможные заповеди православной веры, вы восприняли как глумление над святыней.“ [96]

---

95 Vgl. o.A.: *Святейший Патриарх Кирилл: У нас нет будущего, если мы начинаем глумиться перед великими святынями [Swjatejschij Patriarch Kirill: U nas njet buduschtschego, jesli my natschinajem glumit'sja pered welikimi swjatynijami]*, http://www.patriarchia.ru/db/text/2101850.html, abgerufen am 6.11.2015 um 16:13.

96 Originaltext: http://grani.ru/blogs/free/entries/196707.html, abgerufen am 18.11.2015 um 12:16.

„An uns nagt der Verdacht, dass das Heiligtum, das Sie für geschändet halten, in Ihren Eingebungen[97] untrennbar mit Putin verbunden ist, der es, laut Ihren Worten, der Kirche zurückgegeben hat. Deshalb erscheint Ihnen das Gebet zur Gottesmutter als Verspottung des Heiligtums; das Gebet mit der Bitte, denjenigen zu vertreiben, der die leuchtendsten Ideale des menschlichen Lebens in Russland und alle möglichen Gebote des orthodoxen Glaubens schändet." [Übers. d. Autorin]

Noch im selben Monat sollte ein Treffen zwischen *Pussy Riot* und dem Vorsitzenden der Synodalkommission für Kirche und Gesellschaft (*Синодальный отдел патриархии по взаимоотношениям Церкви и общества, Sinodal'nyj otdel patriarchii po wzaimootnoschenijam Zerkwi i obschtschestwa*) und Sprecher des Kirchlichen Außenamtes, Wsewolod Tschaplin, organisiert werden. Allerdings kam es nicht zu dem Treffen, da es seitens der russisch-orthodoxen Kirchenleitung nicht genehmigt wurde. Der Pressesprecher des Patriarchen Kirill, Alexander Wolkow, erklärte, dass der Patriarch sein Verhalten damit begründe, sich nicht in den Verlauf der Untersuchung mischen und bis zur Urteilsverkündung parteilos bleiben zu wollen[98]. Allerdings müssten sich die Frauen bei den orthodoxen Gläubigen für ihren Auftritt entschuldigen, sollten sie ein Entgegenkommen der ROK erwarteten.
Zu einem ersten Schritt einer inoffiziellen Entschuldigung kam es in einem offenen Brief (am 10. April 2012) von Maria Aljochina im Zusammenhang mit der bevorstehenden orthodoxen Osterzeit, in dem sie die Gläubigen um Verzeihung bat:

„Накануне его — сейчас, в Страстную неделю, я говорю, что хочу праздновать с чувством мира внутри и вокруг. И если кто-либо обижен за мои поступки или слова, то пусть простит. Ничьи религиозные чувства я не имела и не имею целью оскорбить." [99]

„Am Vorabend der jetzt beginnenden Karwoche sage ich euch, dass ich mit einem Gefühl des inneren und äußeren Friedens feiern möchte. Und sollte

---

97 Amn. d. Autorin: Gedanken.

98 o.A.: *Пресс-секретарь патриарха ответил на письмо в защиту Pussy Riot и откровения Ксении Собчак [Press-sekretar' patriarcha otwetil na pis'mo w zaschtschitu Pussy Riot i otkrowenija Ksenii Sobtschak]*, http://www.newsru.com/russia/29jun2012/pussy.html, abgerufen am 19.11.2015 um 18:41.

99 Originaltext: Versöhnungsbrief von Maria Aljochina: *Примирительное письмо [Primiritel'noje pis'mo]*, http://echo.msk.ru/blog/alekhina/878289-echo/, abgerufen am 19.11.2015 um 19:13.

jemand durch meine Taten oder Worte beleidigt worden sein, dann möge er mir verzeihen. Ich wollte und will niemandes religiöse Gefühle verletzen." [Übers. d. Autorin]

Eine offizielle Entschuldigung wurde während des Gerichtsverfahrens erst recht spät verlautbart, denn den Frauen wurde zu keinem früheren Zeitpunkt die Möglichkeit gegeben, sich öffentlich zu den Anschuldigungen zu äußern. Die Entschuldigung wurde am 30. Juli 2012 in jeweils separaten Schreiben gegenüber den russisch-orthodoxen Gläubigen ausgedrückt. Die einzelnen Entschuldigungsschreiben wurden durch ihre Anwälte verlesen.
Nadeschda Tolokonnikowa beschreibt dabei den Auftritt als einen „ethischen Fehler"[100], negierte zugleich ihre persönliche Schuld aus moralischer Sicht:

> „Наше непризнание вины по статье 213 часть 2 Уголовного кодекса Российской Федерации не означает того, что мы не готовы объяснить наши действия и извиниться за понесенные нашим выступлением огорчения. [...] Если кто-то был оскорблен нашим выступлением в храме Христа Спасителя, то я готова признать, что мы совершили этическую ошибку. Это именно ошибка, поскольку сознательного намерения оскорбить кого-либо мы не имели."

> „Unsere Ablehnung des Anerkennens einer Schuld im Sinne des StGB §24, Art. 213, Abs. 2 bedeutet jedoch nicht, dass wir nicht bereit wären, unsere Handlungen zu erklären und uns für das zugefügte Leid zu entschuldigen. [...] Sollte irgendjemand von unserem Auftritt in der Christ-Erlöser-Kathedrale gekränkt worden sein, so bin ich bereit zuzugeben, dass wir einen ethischen Fehler begangen haben. Und genau hierin liegt der Fehler. Wir hegten keinerlei bewusste Absicht, jemanden zu kränken." [Übers. d. Autorin]

Die Art und Weise der Entschuldigung wurde von einigen Orthodoxen als halbherzig und scheinheilig verstanden, denn sie wurde, so die Argumentation, nur verlesen, andererseits entschuldigten sich *Pussy Riot* nicht für den Auftritt selbst[101]. Die Frauen betonten stets

---

100 o.A.: *Участница Pussy Riot Толоконникова признала акцию в храме "этической ошибкой" [Utschastniza Pussy Riot Tolokonnikowa priznala akziju w chrame „etitscheskoj oschibkoj"]*, http://www.interfax.ru/russia/258064, abgerufen am 21.11.2015 um 10:18.

101 Vgl. russ. *Служащий храма назвал неискренними извинения Pussy Riot, но принял их [Sluschaschtschij chrama nazwal neiskrennimi izwinenija Pussy Riot, no prinjal ich]*, http://ria.ru/inquest/20120731/713467589.html, abgerufen am 21.11.2015 um 13:37.

das politische Motiv für ihren Auftritt und sahen daher die Aktion selbst nicht als Fehler an. Deshalb vertrat einer der Ankläger die Meinung, dass sich *Pussy Riot* öffentlich entschuldigen müssten[102]. Dieselbe Idee verfolgte auch die Redaktion der Sendung *Человек и закон* (Tschelowjek i zakon; Der Mensch und das Gesetz) des staatlichen Fernsehsenders *Erster Kanal* und unterbreitete den drei Frauen das Angebot, sich in der Sendung am 8. September 2012 öffentlich zu entschuldigen. Im Gegenzug wäre die Redaktion bereit gewesen, sich für ein milderes Strafmaß der Frauen einzusetzen. Das Angebot wurde von *Pussy Riot* als Bestechung verstanden und daher abgelehnt[103].

Ihre Überzeugung von der Richtigkeit des Auftrittes bekräftigte Nadeschda Tolokonnikowa in ihrem schriftlich festgehaltenen, vor Gericht aber nicht vorgetragenen letzten Wort vor der Urteilsverkündung am 26. April 2013. Denn im Berufungsprozess auf vorzeitige Haftentlassung wurde ihr die Verlesung des Schreibens auf richterlichen Beschluss untersagt. Auch in dieser Erklärung erkennt sie keine persönliche Schuld an:

> „Поэтому я не признавала и не буду признавать вину, вмененную мне приговором Хамовнического районного суда, противозаконным и вынесенным с неприличным количеством процессуальных нарушений. [...] Принуждая же меня ради УДО признать вину, УИС подталкивает меня к самооговору и, следовательно, ко лжи. Является ли способность ко лжи знаком того, что человек встал на путь исправления?“[104]

> „Aus diesem Grunde habe ich mich zu keiner Schuld bekannt, die mir mit dem gesetzeswidrigen Urteil des Chamowniki-Kreisgerichtes unter einer Vielzahl an Verfahrensverstößen zugeschrieben wurde – und ich werde dies auch nicht tun. [...] Zum Zwecke einer vorzeitigen Haftentlassung nötigt mich das Institut für Pönologie zu einer falschen Selbstbezichtigung, folglich

---

[102] o.A.: *Алтарники по-разному восприняли извинения Pussy Riot [Altarniki poraznomu wosprinjali izwinenija Pussy Riot]*, http://pda.bfm.ru/news/188649, abgerufen am 21.11.2015 um 15:45.

[103] o.A.: *Возмутительный шантаж [Wozmutitel'nyj schantasch]*, http://expert.ru/2012/09/3/vozmutitelnyij-shantazh/, abgerufen am 26.11.2015 um 09:37.

[104] *Pussy Riot*: *Nichtvorgetragenes letztes Wort von N. Tolokonnikowa (russ.)*, http://www.svoboda.org/content/article/24969820.html?nocache=1, abgerufen am 26.11.2015 um 11:21.

> also zur Lüge. Ist denn die Fähigkeit zur Lüge ein Zeichen dessen, dass der Mensch auf dem Weg der Besserung ist?“ [Übers. d. Autorin]

Es sei richtig gewesen, ein öffentliches Zeichen gegen das Regime zu setzen. Denn Zustimmung wie auch moralische Unterstützung für den Auftritt sei der Gruppe auch auf internationaler Ebene von mehreren Seiten zugesichert worden:

> „Мы не виновны, об этом говорит весь мир. Весь мир говорит на концертах, весь мир говорит в интернете, весь мир говорит в прессе. Об этом говорят в парламенте. Премьер-министр Англии приветствует нашего президента не словами об Олимпиаде, а вопросом: «Почему три невиновные девушки сидят в тюрьме?» Это позор. Но еще более удивительно для меня, что люди не верят в то, что могут как-либо влиять на власть.“ (Maria Aljochina) [105]

> „Wir sind unschuldig und davon spricht die ganze Welt. Die ganze Welt spricht davon auf Konzerten, im Internet, in der Presse. Man spricht sogar davon im Parlament. Der Premierminister Englands begrüßt unseren Präsidenten nicht mit Worten zur Olympiade, sondern mit der Frage: ‚Warum sind drei unschuldige Mädchen im Gefängnis?‘ Es ist eine Schande. Vielmehr erstaunt mich aber die Tatsache, dass die Menschen nicht daran glauben, irgendeinen Einfluss auf die Staatsgewalt ausüben zu können.“ (Maria Aljochina) [Übers. d. Autorin]

Offiziell gab die ROK zwar keine Stellungnahme zum Fall *Pussy Riot* ab, doch begrüßte die Kirchenleitung eine Bestrafung der Frauen, da diese Heiligtümer mit Füßen getreten hätten. Diese Einstellung unterstreicht eine Erklärung der deutschen Diözese der russischen Auslandskirche, wenngleich sie keine offizielle Stellungnahme der ROK darstellt. Nach mehreren Anfragen an die deutsche Diözese der russischen Auslandskirche veröffentlichten Erzpriester Nikolai Artemoff[106] und André Sikojew[107] auf der Webseite der deutschen Diözese der russischen Auslandskirche eine Erklärung mit dem Titel „Für den Frieden der Kirchen, für Vergebung und Recht“. Darin erklärten die Verfasser, dass durch das gezielte Ein-

105 Ebd.

106 Diözesansekretär der Deutschen Diözese Russische Orthodoxe Kirche im Ausland.

107 Priester, Beauftragter am Sitz der Bundesregierung und des Deutschen Bundestages.

dringen in den Kirchenraum und die Verwendung eines unanständigen Vokabulars im Zusammenhang mit dem Sakralen die Gebetstradition der Kirche missachtet worden sei und dies nichts anderes als Blasphemie sei. Für einen orthodoxen Christen bestehe zwar der Imperativ zur Vergebung, wenn man zum Opfer einer Verfehlung werde. Allerdings müsse eine Sünde verurteilt werden (im Sinne des Leitsatzes: den Sünder lieben, die Sünde hassen), ganz gleich, welcher Natur diese auch sei. Da mit der Aktion des Punkgebetes nicht nur Blasphemie verübt, sondern auch der Kirchenfriede und die Hausordnung gestört worden sei, verwunderte die Verfasser insbesondere der verständnisvolle Einsatz deutscher Politiker und Persönlichkeiten für die Frauen, während keinerlei Verständnis den orthodoxen Gläubigen entgegen gebracht werde. Schließlich stehe auch in Deutschland die Verunglimpfung nationaler Symbole als auch der Bruch des Kirchenfriedens, der kirchlichen Hausordnung oder des religiösen Friedens unter Strafe. Auch in Deutschland könne jeder, der „an einem Ort, der dem Gottesdienst einer solchen Religionsgesellschaft gewidmet ist, beschimpfenden Unfug verübt," mit bis zu drei Jahren Haft bestraft werden (§ 167 vgl. §166 StGB). Ebendieser Kritik bediente sich auch der Rat der orthodoxen gesellschaftlichen Vereinigung in Russland. Dieser gab im März 2012 eine Erklärung ab, in der der Auftritt von *Pussy Riot* als eine Verhöhnung verurteilt wurde, die es mit „aller Strenge des Gesetzes" („должно быть осуждено по всей строгости закона"[108]) zu bestrafen gelte:

> „Было не только поругано имя Божие, поставленное в один ряд с бранными словами. Был не только обруган нецензурным словом Святейший Патриарх, Предстоятель многомиллионной Церкви. Были не только оскорблены прихожане, которые якобы ‚ползут на поклоны'. Был осквернен храм, построенный в память воинов 1812 года."

> „Nicht nur der Name Gottes wurde verschmäht, indem dieser auf dieselbe Ebene gestellt wurde wie die Schimpfwörter. Auch wurde Seine Heiligkeit,

[108] o.A.: *Заявление Совета православных общественных объединений по поводу кощунственной акции в Храме Христа Спасителя [Zajawlenije Sowjeta prawoslawnych obschtschestwennych ob'edinenij po powodu koschtschunstwennoj akzii w Chrame Christa Spasitelja]*, http://www.patriarchia.ru/db/text/2084470.html, abgerufen am 27.11.2015 um 14:29.

der Patriarch, der Vorsteher einer millionenstarken Kirche beschimpft und die Kirchgänger, die angeblich ‚zur Verbeugung kriechen', beleidigt. Gleichermaßen wurde das Gotteshaus geschändet, das im Jahre 1812 zur Erinnerung an die Krieger erbaut wurde."[109] [Übers. d. Autorin]

Ähnlich drückte sich der Vertreter der Vereinigung der Kosaken Russlands in einem Bittgesuch an den damaligen Präsidenten Medwedew aus, in dem er darum bat, auch diejenigen zur Verantwortung zu ziehen, die sich in der Kathedrale aufgehalten und zur Verbreitung der blasphemischen Aufnahmen im Internet beigetragen hatten[110].

Gleichwohl war nicht der gesamte Tenor innerhalb der ROK einstimmig auf eine Bestrafung von *Pussy Riot* eingestellt. Unter anderem bat die Kirche die Behörden auch um Barmherzigkeit und Mitleid mit den Frauen, verbunden jedoch mit der Bedingung, dass die Frauen Reue zeigten.

Unterstützer von *Pussy Riot*, die sich als russisch-orthodoxe Christen verstehen, meldeten sich aus dem In- und Ausland zu Wort. In Gemeinden wurden Unterschriftenlisten verfasst, die die Aktion zwar verurteilten, aber zugleich Milde und Barmherzigkeit für die Frauen forderten. So verfasste u.a. eine Gruppe von orthodoxen Gläubigen am 19. Juni 2012 ein Bittgesuch an Patriarch Kirill, initiiert von Alexander Krawezkij, das von mehreren Hundert gläubigen Orthodoxen unterschrieben wurde. In diesem Brief wendeten sich die Gläubigen an den Patriarchen mit der Bitte, *Pussy Riot* mit Barmherzigkeit entgegen zu treten und zu verzeihen. Zwar sehen die Verfasser des Briefes keinerlei Grund, die Performance zu rechtfertigen, doch mahnen sie an, nicht gemäß der Maxime zu handeln:

109 Ebd.

110 Aufruf der Vereinigung der Kosaken Russlands in Bezug auf die Gotteslästerung in der Christ-Erlöser-Kathedrale: *Обращение Союза казаков России по поводу кощунства в Храме Христа Спасителя [Obraschtschenije Sojuza kazakow Rossii po powodu koschtschunstwa w Chrame Christa Spasitelja]*, http://www.patriarchia.ru/db/text/2097618.html, abgerufen am 29.11.2015 um 18:35.

„Auge und Auge, Zahn um Zahn."[111] Zudem hätten die Frauen bereits ausreichend Zeit in Haft abgesessen, um damit potenziellen Nachahmungstätern ein Warnzeichen zu setzen.
In Tambow ging ein Diakon namens Sergej Baranow sogar noch einen Schritt weiter – er legte sein Amt aus Protest gegen die, seiner Meinung nach, zu radikale Haltung der Kirche nieder. Dabei unterstützte er öffentlich die Gruppe und erklärte, dass eine Debatte zum Verhältnis von Staat und Kirche schon längst überflüssig gewesen sei und die Angeklagten daher auf freien Fuß gehörten.
Diese Art der Unterstützung von Angehörigen der ROK kritisierte indes die Kirchenleitung: In einer Ansprache bedauerte der Patriarch, dass es Menschen gäbe, die sich zwar als orthodox bezeichneten, Blasphemie dennoch rechtfertigten und die Schwere der Aktion unterschätzten. Denn die kirchlichen Werte, derer sich die Gesellschaft nach langem Ringen wieder besonnen habe, sollten nicht dem Spott preisgegeben werden.
Auch die Vereinigung orthodoxer Frauen schloss sich dieser Kritik an – insbesondere mit Fokus auf den im Liedtext thematisierten Feminismus. Der propagierte Feminismus sei eines der Übel, das die sich in einer Wertekrise befindende russische Gesellschaft widerspiegele:

> „Drängende Probleme sind heute die Bewahrung der moralischen Grundwerte der Gesellschaft, die Wiedererrichtung geistig-moralischer Grundlagen für die Familien und die Erziehung der jungen Generation. Unter diesen Bedingungen kommt die besondere Rolle der Frau zum Tragen, nämlich um dieser sich in einer Wertekrise befindenden Gesellschaft ein Gegengewicht zu verleihen.
> Wir, die orthodoxen Frauen, beobachten mit tiefem Schmerz die Auftritte und Aktionen jener Frauen, die sich Feministinnen nennen. Im Kampf um

[111] Инициатор публикации Александр Кравецкий признается, что акция панк-группы не вызывает у него никаких симпатий, однако «наказание наказанием, а милосердие милосердием» (Übers: Der Initiator des Briefes, Alexander Krawezkij, gesteht, dass die Aktion der Punkgruppe in ihm keinerlei Sympathie weckt, jedoch erfolgt „Strafe für Strafe, aber Barmherzigkeit für Barmherzigkeit."). Александра Сопова: *Православные просят патриарха заступиться за Pussy Riot [Prawoslawnye prosjat patriarcha zastupit'sja za Pussy Riot]*, http://izvestia.ru/news/527954, abgerufen am 30:11.2015 um 21:36.

> die Rechte für die Frauen verbiegen und beschmutzen diese Leute absichtlich das Bild der Frau in der modernen Gesellschaft und stützen sich dabei noch auf den Rückhalt einiger Medien."[112] [Übers. d. Autorin]

In den mehrheitlichen Reaktionen der russischen Öffentlichkeit ist zu erkennen, dass *Pussy Riot* weniger für ihre Kritik an der politischen und religiösen Obrigkeit kritisiert wurden, vielmehr wurde der mit dem Auftritt verbundene Bruch normativer Regeln bzw. Dogmen gerügt. Den Frauen der Punkband wird kaum Verständnis und Unterstützung entgegengebracht. Indes wird in der Diskussion der deutschen Öffentlichkeit die Kritik von *Pussy Riot* an der politischen und religiösen Obrigkeit in den Vordergrund gerückt. In Deutschland erhalten *Pussy Riot* nicht wenig öffentlichen Beistand und Zustimmung. Die Argumente der russischen Seite werden hingegen stiefmütterlich behandelt. Wie ist diese stiefmütterliche Behandlung der russischen Sicht zu erklären? Während im russischsprachigen Raum normorientiertes Denken im Kontext einer öffentlichen Meinungsäußerung stets mit der Anerkennung eines allgemeinen Regelwerks verbunden ist, steht im deutschsprachigen Raum im Gegensatz dazu das Recht des Individuums an erster Stelle.

2.2 Deutschland

Während *Pussy Riot* kaum Unterstützung in der russischen Gesellschaft erfuhren, gab es innerhalb der deutschen Öffentlichkeit regere Diskussionen um die Rechtmäßigkeit und Angemessenheit des Gerichtsurteils. In mehreren Metropolen Europas und Nordamerikas, wie z.B. New York, Paris, London, Warschau und Berlin, wurden Protestaktionen gegen das Gerichtsurteil organisiert. Vertreter aus Politik, Menschen- und Bürgerrechtsorganisationen, der internationalen Kunst- und Musikszene[113] sowie feministische Gruppen[114] gaben öffentlich ihre Unterstützung und Solidarität mit den

---

112 Vgl. http://www.patriarchia.ru/db/text/2097594.html, abgerufen am 3.12.2015 um 15:53.

113 Künstler wie beispielsweise Sting, Madonna, Paul McCartney, Red Hot Chili Peppers, Gerard Depardieu, Yoko Ono.

114 z.B. Aktivistinnen der feministischen Gruppe ‚Femen', Ukraine

Frauen kund. In Deutschland protestierten 121 Abgeordnete aller Bundestagsparteien in einem Brief an den russischen Botschafter in Berlin gegen eine drohende Haft[115].

Angela Merkel bezeichnete den Schuldspruch als „unverhältnismäßig hart“, da zwei Jahre Straflager „nicht im Einklang mit den europäischen Werten von Rechtsstaatlichkeit und Demokratie [stünden], zu denen sich Russland unter anderem als Mitglied des Europarates bekannt hat. Eine lebendige Zivilgesellschaft und politisch aktive Bürger sind eine notwendige Voraussetzung und keine Bedrohung für Russlands Modernisierung“[116]. Diese Aussage der deutschen Bundeskanzlerin subsumiert die Auffassung vieler in der Öffentlichkeit stehenden Personen und der in der Medienlandschaft publizierten Beiträge in Deutschland: Das von Korruptionsvorwürfen belastete Verfahren, das unter menschenrechtswidrigen Bedingungen abgehalten worden sei, sei ein Indiz dafür, dass die russische Gesellschaft noch am Beginn ihrer Entwicklung zu einer freien und demokratischen Gesellschaft stehe. So zumindest ist die weitverbreitete Meinung über die russische Lebensrealität in der deutschen Öffentlichkeit.

Betrachtet man den Meinungsaustausch zum Gerichtsurteil über *Pussy Riot* in den deutschen Medien, so kritisiert im Gegensatz zu Russland eine deutliche Mehrheit der in Deutschland veröffentlichten Zeitungs- und Zeitschriftenartikel/Interviews/Kommentare das Gerichtsurteil und bezeichnet es als inakzeptabel, überzogen und vor allem politisch motiviert. Das Gerichtsurteil hätte nicht so drakonisch ausfallen dürfen, da die Frauen mit ihrem Auftritt – welcher sich zwar auf provokante, jedoch im Sinne der beabsichtigten Kritik auf gerechtfertigte Weise manifestiert habe – gute Absichten verfolgt hätten:

> „Einmal mehr wurde heute klar: Die drei Künstlerinnen, Nadjeschda Tolokonnikowa, Marija Aljochnia und Jekaterina Samuzewitsch, wussten ganz

---

115 o.A.: *Appell aus dem Bundestag: Deutsche Abgeordnete fordern Milde für Pussy Riot,* http://www.spiegel.de/politik/deutschland/bundestagsabgeordnete-fordern-mildes-urteil-im-pussy-riot-prozess-a-848704.html, abgerufen am 3.12.2015 um 17:44.

116 o.A.: *Merkel kritisiert Pussy-Riot-Urteil,* http://www.zeit.de/politik/ausland/2012-08/pussy-riot-reaktionen, abgerufen am 5.12.2015 um 15:51.

> genau, was sie taten, als sie im Februar in der Moskauer Kathedrale auftraten. Es war eine bewusste Provokation, um die Verschmelzung von Kirche und Staat in Russland aufzuzeigen."[117]

> „Welche Besserung? Bessere Bürger als diese drei intelligenten jungen Frauen kann sich ein Land auf dem Weg zur Demokratie nicht wünschen. [...] Aber ohne Provokation gibt es keine Veränderungen, keinen gesellschaftlichen Fortschritt, kein Umdenken, das Russland so nötig hat."[118]

Die Kritik am Gerichtsurteil in Deutschland kann in drei unterschiedliche Themenbereiche aufgeteilt werden: die Politik, die Kunst- und Meinungsfreiheit (hier wiederum mit Bezügen zur Politik) und die Religion (Frage der Blasphemie, Religionsfreiheit, die aktuelle Rolle der ROK in Russland). Der Hauptkritikpunkt lag insbesondere darin, dass mit dem Gerichtsurteil die individuellen Freiheitsrechte des Bürgers (insbesondere in Bezug auf die Meinungsfreiheit) eindeutig ignoriert worden seien. Letztendlich sei dies ein Beweis dafür, dass die „Meinungsfreiheit als verbrieftes Menschenrecht [...] in Putins Reich [nicht gelte]".[119] Russland sei daher kein, im westlichen Verständnis, demokratischer Staat, sondern ein Regime, auf dessen „autoritäre Tendenzen" die Frauen „die ganze Welt [...] aufmerksam gemacht"[120] hätten. Da es für Menschen mit eigenem Kopf in der russischen Gesellschaft keinen Platz gäbe, mache das Urteil die Frauen somit zu Symbolfiguren im Kampfe mit der „herrschenden Machtallianz aus Geheimdienst und orthodoxer Kirche".[121]

---

117 Dornblüth, Gesine: *Pussy Riot erteilen Richtern eine Kunst-Lektion*, http://www.deutschlandradio.de/pussy-riot-erteilen-richtern-eine-kunst-lektion.331.de.html?dram:article_id=217623, abgerufen am 5.12.2015 um 20:34.

118 Dornblüth, Gesine: *Trübe Aussichten in Russland,* http://www.deutschlandradiokultur.de/truebe-aussichten-in-russland.996.de.html?dram:article_id=219497, abgerufen am 5.12.2015 um 21:04.

119 Stoltenberg, Joachim: *Pussy Riot – Machtkungelei zwischen Kreml und Kirche*, http://www.morgenpost.de/politik/ausland/article108672092/Pussy-Riot-Machtkungelei-zwischen-Kreml-und-Kirche.html, abgerufen am 6.12.2015 um 09:44.

120 Beitzer, Hannah: *Warum "Pussy Riot" trotzdem gewonnen hat*, http://www.sueddeutsche.de/politik/prozess-gegen-russische-punkband-warum-pussy-riot-schon-jetzt-gewonnen-hat-1.1442591, abgerufen am 8.12.2015 um 11:46.

121 Dornblüth, Gesine: *Trübe Aussichten in Russland.*

2.2.1 Der Politisierungsfaktor im Gerichtsurteil

Wie bereits erwähnt, wird in der überwiegenden Mehrheit der deutschen Artikel/Kommentare der Auftritt von *Pussy Riot* und das daraufhin erfolgte Gerichtsurteil als ein Politikum gewertet[122], denn der russische Staat sei ein „Unrechtsstaat“[123]. Der Prozess sollte den Anschein erregen, als ginge es allein um Religion und religiösen Anstand, habe dabei zugleich versucht, den politischen Teil auszublenden[124]. Durch die im Punkgebet vorhandene Kritik am russischen Staat (und der ROK) sei die Performance nämlich ein gerechtfertigter Akt zum richtigen Zeitpunkt am richtigen Ort gewesen:

> „Das Punkgebet war kein unbedachtes Wort, der Slogan der Protestbewegung ‚Russland ohne Putin‘ wurde zum richtigen Zeitpunkt zum richtigen Ort getragen. ‚Ave Maria, erlöse uns von Putin‘ bringt zum Ausdruck, was viele hoffen: dass sich Russland von GAZ-Putin und Korruption befreit und endlich Demokratie und Rechtsstaat wird.“[125]

Da das Punkgebet hauptsächlich gegen Putin und seine Kandidatur zum Präsidentenamt formuliert gewesen war, müsse sich Putin her-

122 “Dass hier dieser Prozess letztlich einen politischen Hintergrund hat, ist gar nicht zu bezweifeln.“ von Studnitz, Ernst-Jörg: *Studnitz: Dieser Prozess hat letztlich einen politischen Hintergrund*, http://www.deutschlandfunk.de/studnitz-dieser-prozess-hat-letztlich-einen-politischen.694.de.html?dram:article_id=218466, abgerufen am 8.12.2015 um 12:33.

123 Donath, Klaus-Helge: *Punk gegen Putin*, http://www.deutschlandfunk.de/punk-gegen-putin.858.de.html?dram:article_id=219115, abgerufen am 8.12.2015 um 14:28.

124 „Ihr Anliegen war berechtigt, denn offiziell ist Russland ein säkularer Staat. [...] Die Art und Weise, wie das System auf die Provokation reagiert, zeigt die ganze Skrupellosigkeit eines Staates, der sich von seiner unrühmlichen Geheimdienstvergangenheit nie distanziert hat. Ein knappes Dutzend Kirchenangestellte treten als Geschädigte auf. Sie sind offensichtlich instruiert worden. Staatsanwalt und Nebenkläger zitieren statt juristischer Paragrafen Auszüge aus mittelalterlichen theologischen Texten. Die Richterin polemisiert gegen die Angeklagten und ignoriert fast alle Anträge der Verteidigung. Am Chamowniki-Gericht erleben wir einen Schauprozess. Und kaum jemand zweifelt daran, dass Präsident Wladimir Putin dahinter steht.“ Dornblüth, Gesine: *Putin und der Patriarch – ein unheilige Allianz*, http://www.deutschlandfunk.de/putin-und-der-patriarch-eine-unheilige-allianz.858.de.html?dram:article_id=217030, abgerufen am 8.12.2015 um 17:39.

125 Schulz, Werner: *In Luthers Fußspuren*, http://www.welt.de/print/die_welt/debatte/article110830531/In-Luthers-Fussspuren.html, abgerufen am 8.12.2015 um 18:47.

ausgefordert und zu einer entsprechenden Reaktion genötigt gefühlt haben[126]. Daher bestehe auch keinerlei Zweifel daran, dass der Prozess „aus dem Kreml gesteuert"[127] worden sei. Bekanntermaßen sei in den letzten Jahren Einiges an politischen Skandalen verdrängt worden (beispielsweise die Kriege in Tschetschenien, der Prozess gegen Chodorkowski/Lebedew, der Tod von Journalisten/Menschenrechtlern, die faktische Annexion von Abchasien und Südossetien nach dem Krieg 2008, neuerdings die Annexion der Krim 2014 etc.). Deshalb könne man diese Probleme beim besten Willen nicht mehr ignorieren und müsse ihnen eine Stimme geben, was die Punkerinnen von *Pussy Riot* mit ihren Auftritten getan hätten[128]. Ruprecht Polenz (CDU), ehemaliger Vorsitzender des Auswärtigen Ausschusses im Bundestag, fasste die politischen Hintergründe mit der persönlichen Verantwortungszuteilung an Wladimir Putin zusammen: „Das ist Putins Prozess gewesen. Es ist Putins Urteil. Und es ist ein Urteil, das jeder Gerechtigkeit und Rechtsstaatlichkeit hohnspricht."[129]
Zweifelsohne sei daher sicher, dass auch die Justiz von ihrer politischen Abhängigkeit zeuge und das entsprechende Urteil ein „empörend unverhältnismäßig[er] Justizskandal"[130] gewesen sei.

> „Dass die Gerichtsurteile in aller Regel mehr oder weniger wortwörtlich dem Plädoyer der Staatsanwaltschaft folgen, ist eigentlich für mich ein Zeugnis dafür, dass eben die Justiz nicht wirklich unabhängig ist."[131]

---

126 Machel, Jörg: *Pussy Riot*, http://static.evangelisch.de/get/?daid=RdyzAtScayVQMdpiuun7liLQ00042856, abgerufen am 8.12.2015 um 21:43.

127 Stoltenberg, Joachim: *Pussy Riot – Machtkungelei zwischen Kreml und Kirche.*

128 Beck, Marieluise: *Schluss mit der Kuschelei*, http://www.zeit.de/2012/35/Op-Ed-Beck-Pussy-Riot, abgerufen am 9.12.2015 um 16:41.

129 o.A.: *Empörung nach Pussy-Riot-Prozess: "Das war Putins Urteil"*, http://www.spiegel.de/politik/ausland/pussy-riot-urteil-politiker-von-cdu-und-fdp-kritisieren-schuldspruch-a-850695.html, abgerufen am 9.12.2015 um 20:44.

130 Schröder, Richard: *Bitte keinen Preis für die Chaoten von Pussy Riot!*, http://www.welt.de/debatte/kommentare/article110686840/Bitte-keinen-Preis-fuer-die-Chaoten-von-Pussy-Riot.html, abgerufen am 10.12.2015 um 11:20.

131 von Studnitz, Ernst-Jörg: *Studnitz: Dieser Prozess hat letztlich einen politischen Hintergrund.*

Folglich mache dieses auf Unrecht basierende Urteil die Frauen unweigerlich zu politischen Gefangenen/Dissidenten[132], zu „große[n], mutige[n], politische[n] Künstlern“[133], zum „Symbol für Widerstand und Rebellion“[134], zu Bürgerrechtlern[135] sowie Freidenkern[136]. Darüber hinaus wird als mögliche gesellschaftliche Reaktion auf dieses Urteil prophezeit, dass es zu einer Revolution kommen müsse, da der gesamte Prozess eine „politische Zeitbombe“ in sich trage – eine Ansicht, die Spiegel-Redakteur Uwe Klußmann entsprechend der Kommersant-Redakteurin Olga Alljonowa zitiert:

> „Wenn die Opposition mit Härte zu ‚Hass und Boshaftigkeit‘ getrieben werde, [...] ‚dann führt das nicht zu Frieden, nicht zu einer gerechten Gesellschaftsordnung, nicht zu einer ehrlichen Staatsmacht. Sondern es führt zur Revolution, zu Krieg und Blut‘.“[137]

Einzelne kritische Stimmen verstanden das Gerichtsurteil nicht direkt als politischen Schlag gegen *Pussy Riot*, sondern als ein Ablenkungsmanöver der politischen Führung. Putin habe das Urteil in einer anderen Sache missbraucht, um seine harte politische Linie zu rechtfertigen[138].

> „Rausgekommen ist ein politisches Urteil in einer religiösen Angelegenheit, die hier gebraucht worden ist, auch von den jungen Damen, wissentlich und willentlich. Sie wussten, dass sie verurteilt werden. Dass es so scharf wird,

---

132 Amnesty International hat bereits im April 2012 – noch vor der Verkündung des Gerichtsurteils – die angeklagten Mitglieder von *Pussy Riot* zu international anerkannten politischen Gefangenen erklärt.

133 Hufen, Uli: *Moralischer Schaden durch bunte Mützen*, http://www.deutschlandfunk.de/moralischer-schaden-durch-bunte-muetzen.691.de.html?dram:article_id=218349, abgerufen am 10.12.2015 um 16:44.

134 Beitzer, Hannah: *Warum "Pussy Riot" trotzdem gewonnen hat.*; Werner Schulz: *In Luthers Fußspuren.*

135 Werner Schulz: *In Luthers Fußspuren.*

136 Dornblüth, Gesine: *Trübe Aussichten in Russland.*

137 Klußmann, Uwe: *Straflager für Pussy Riot: Der Kreml sät Hass*, http://www.spiegel.de/politik/ausland/kommentar-zum-urteil-gegen-die-pussy-riot-a-850673.html, abgerufen am 15.12.2015 um 18:27.

138 Goppel, Thomas: *CSU-Politiker fordert Respekt gegenüber allen Religionen*, http://www.deutschlandfunk.de/csu-politiker-fordert-respekt-gegenueber-allen-religionen.694.de.html?dram:article_id=218467, abgerufen am 16.12.2015 um 20:33.

> hat was mit Putin zu tun. Und deswegen sind die Entgleisungen auf der Seite der Regierung und nicht der Damen am Ende die schwerwiegenderen."[139]

Nur wenige Stimmen meldeten sich gegen eine vollkommene Politisierung des Falles *Pussy Riot* und ließen eine leichte Form der Solidarität mit der ROK erkennen, obschon dies hauptsächlich auf einige Kommentare aus den kirchlichen Kreisen/Plattformen beschränkt blieb. Jene Stimmen äußerten ihren Unmut darüber, dass eine Unredlichkeit in der gesamten Diskussion um *Pussy Riot* darin bestehe, dass man der Rechtsprechung in Russland von vornherein ein machtpolitisches Motiv unterstelle, den Schutz von religiösen Gefühlen oder Werten allerdings vollkommen ausgeblendet habe.

> „Es ist vor allem der Westen, der aus der Verurteilung einer primitiven und vulgären Provokation ein Politikum macht."[140]

Hat Putin tatsächlich ein Exempel statuiert, um seine Gegner einzuschüchtern? Gehört also der Schutz von religiösen Freiheiten nicht in den Aufgabenbereich eines Gerichtes?

2.2.2 Politische Kunst in Russland

Ein weiteres Argument der Kritik an dem Gerichtsurteil ist der künstlerische Charakter und damit der kreative Freiraum, der der Performance innewohnte. Dieses Argument wurde beispielsweise in dem von 121 Parlamentariern des Deutschen Bundestages verfassten öffentlichen Brief an den russischen Botschafter Vladimir M. Grinin in Berlin formuliert. Die Unterstützer dieses Briefes, deren politische Zugehörigkeit sich zum damaligen Zeitpunkt über alle fünf Bundestagsfraktionen hinweg erstreckte, wenden sich an den Botschafter mit der Forderung nach einer Freilassung von *Pussy Riot* vor dem Hintergrund des Schutzes von Kunst- und Meinungsfreiheit – denn auch Russland habe die Konventionen zum

139 Ebd.

140 Fink, Erich Maria: *„Pussy Riot" und das Armutszeugnis des Westens*, http://bekenntnisbruderschaft.de/fileadmin/Dokumente/EMF-Pussy-Riot.pdf, abgerufen am 16.12.2015 um 21:48.

Schutze der Menschenrechte und Grundfreiheiten (auch: Europäische Menschenrechtskonvention – EMRK) unterschrieben. Dabei berufen sich die Politiker auf Artikel 10 dieser Konvention und verlangen die Achtung des Rechts auf künstlerische Freiheit:

> „In einem säkularen und pluralistischen Staat dürfen friedliche Kunstaktionen – auch wenn sie als provokant empfunden werden können – nicht zu dem Vorwurf eines schweren Verbrechens und langzeitigen Verhaftungen führen."[141]

Werner Schulz (Bündnis 90/Die Grünen)[142], Abgeordneter des Europäischen Parlaments, war sich sicher, dass die Performance nur im Namen von Kunst- und Meinungsfreiheit geschehen könne, denn die Kunst in diesem Falle bestehe vor allem darin, „Aufmerksamkeit zu erzeugen"[143]. Durch den Einsatz „hochprofessioneller Mittel" (einfacher/klangvoller/provozierender Name) und den unverwechselbaren Look (neonfarbene ärmellose Kleider, Strumpfhosen, Strick-Balaklawas) seien *Pussy Riot* in der Lage gewesen, einen „massiven Schock" hervorzurufen[144]. Die Kunst und zugleich Genialität des Auftrittes bestehe in der Botschaft: „Nieder mit dem Tyrannen Putin und der ihm hörigen Kirche!"[145] Die Bestrafung der Frauen mache es unmöglich, den künstlerischen Wert des Auftrittes zu diskutieren.

Nach Ansicht des Grünenpolitikers Volker Beck bestehe die Kunst in der Gewaltlosigkeit ihres Widerstandes gegen ein System, das selber ständig das Recht breche und auf Gewalt setze[146]. Diesen

---

[141] Brief an den russischen Botschafter, http://www.spiegel.de/media/media-29356.pdf, abgerufen am 17.12.2015 um 19:38.

[142] Werner Schulz ist Mitglied im Ausschuss für Auswärtige Angelegenheiten (AFET), stellvertretendes Mitglied im Wirtschafts- und Währungsausschuss (ECON) sowie stellvertretender Vorsitzender der Russland-Delegation des Europäischen Parlaments.

[143] Schulz, Werner: *In Luthers Fußspuren*. Diese Aussage trifft Werner Schulz anlehnend an die Kritik von Richard Schröder, der den Auftritt der Frauenband als eine „pubertäre Geschmacklosigkeit" bezeichnete. (In: Richard Schröder: *Bitte keinen Preis für die Chaoten von Pussy Riot!*)

[144] Hufen, Uli: *Moralischer Schaden durch bunte Mützen*.

[145] Ebd.

[146] Beck, Volker: *Pussy Riot und die RAF – Geht's noch FAZ?*, http://beckstage.volkerbeck.de/2012/09/12/pussy-riot-und-die-raf-gehts-noch-faz/, abgerufen am 20.12.2015 um 16:56.

friedlichen Widerstand mit einem Gewaltakt zu vergleichen, sei „ein absolutes Unding. [...] Man muss also fast dankbar sein, dass zumindest die drei jungen Frauen von ‚*Pussy Riot*' im Knast sitzen. Andernfalls hätte es vermutlich schon Tote gegeben."[147] Diese Gewaltfreiheit allerdings zweifelt der FAZ-Redakteur Markus Wehner an, der in seinem Artikel „*RAF Bomben aus der Spaßgerilja*" die Methoden von *Pussy Riot* mit denen der RAF vergleicht[148]. Dabei sieht er Parallelen zwischen den Aktionen der Vorgängergruppe *Wojna* und der linksradikalen Szene im Deutschland der sechziger Jahre. Zur Bekräftigung dieses Vergleiches zitiert er eine frühere Aussage Oleg Worotnikows in der FAZ, in der dieser den erklärten Zweck der Kunst in der Zerstörung des russischen Staates beschreibt:

> „Kunst darf heute nur noch politisch sein und sonst nichts. Alles, was keine Politik ist, ist keine Kunst, sondern nur eine tote Vogelscheuche gefüllt mit Scheiße und Reflexion." Daher sei das erklärte Ziel ihrer Kunst die „Zerstörung des [russischen] Staates".[149]

Genau dieses Gedankengut habe laut Wehner auch die Linksradikalen der RAF zu Gewaltakten veranlasst. Die Kunstfreiheit besteht in ihrer Funktionslosigkeit, jegliche Zuschreibung eines Zwecks (in diesem Fall der politische) hebe somit die Idee der Freiheit und Neutralität auf.

Volker Beck kontert den Vergleich mit der RAF damit, dass die Frauen und deren Anliegen diffamiert würden. Die Freiheit der Kunst sei ein Grundrecht aller und brauche sich daher vor konservativen Leitmedien nicht zu legitimieren.

> „Denkt man sein [Markus Wehner, Amn. d. Autorin] diffuses Puzzle zu Ende, müsste er eine lebenslange Haftstrafe fordern. So rein präventiv. [...] Man muss ‚*Pussy Riot*' nicht mögen. Aber man muss dafür kämpfen, dass es

---

147 Ebd.

148 Wehner, Markus: *Bomben aus der Spaßgerilja*, http://www.faz.net/aktuell/politik/raf-bomben-aus-der-spassgerilja-11875943.html, abgerufen am 20.12.2015 um 19:36.

149 o.A.: *Wir sind Profis*.

> Freiräume für die Kunst und für den Protest gibt. Denn es ist unsere Pflicht, sich für die Menschenrechte einzusetzen.“[150]

Auch der Ex-GUS/Russland-Reporter Moritz Gathmann[151] zieht in seinem Beitrag Parallelen zur ersten RAF-Generation und problematisiert zugleich den Kunstbegriff, den die Punkband verwendet. Allerdings zieht Gathmann eine Parallele zwischen *Pussy Riot* und der RAF weniger in Bezug auf ihre radikale Performancekunst als auf die „Rücksichtslosigkeit [einiger der Mitglieder] gegenüber den eigenen Kindern“. So wie Ulrike Meinhof ihre Zwillingstöchter in Sizilien verstecken ließ, um sich voll und ganz dem Kampf gegen das System widmen zu können, benützten die Aktionskünstler von *Pussy Riot* ihre Kinder als „Instrument oder Schutzschild“[152], um ihre Kunst betreiben zu können. Laut Gathmann habe unter anderem Pjotr Wersilow, der Ehemann Nadeschda Tolokonnikowas, Tochter Gera „medienwirksam“ eingesetzt, um Mitleid oder Aufmerksamkeit zu erzeugen. Dabei ging in der Debatte der fragwürdige Hintergrund der Künstlergruppe mit ihrem antiautoritären und pornographischen Stil verloren. Und genau dies sei der entscheidende Punkt, an dem sich die Geister in sozio-kultureller Hinsicht scheiden. Die heutige russische Gesellschaft sei mit jener des Deutschlands im Jahre 2012 nicht vergleichbar und das Punkgebet in der Christ-Erlöser-Kathedrale stellte für jeden gläubigen oder zumindest konservativen Russen die „maximal mögliche Provokation“[153] dar. Somit hätten weniger die kritischen Worte „Gottesmutter, vertreibe Putin“ die orthodoxen Gläubigen beleidigt als die Tänze vor der Ikonostase und das Benutzen von Schimpfwörtern an einem sakralen Ort. Hätten die Frauen einen weniger sakralen Ort gewählt, wären sie Gathmanns Meinung nach nicht zu solch einer Freiheitsstrafe verurteilt worden. Offensichtlich hätten die Frauen ihre Kunst bereits mehrmals straffrei öffentlich präsentiert.

---

150 Beck, Volker: *Pussy Riot und die RAF – Geht´s noch FAZ?.*

151 Gathmann, Moritz: *„Pussy Riot“ – Lady Suppenhuhn*, http://www.faz.net/aktuell/politik/ausland/pussy-riot-lady-suppenhuhn-11867761.html, abgerufen am 28.12.2015 um 11:21.

152 Ebd.

153 Ebd.

Fraglich bleibt allerdings, was die jeweiligen Verfasser, die sich des Kunstbegriffes bedienen, unter diesem Begriff selber verstehen. Gleichwohl ist festzustellen, dass das Verständnis von Kunst und ihrer Funktionalität/Nicht-Funktionalität recht beliebig und flexibel gehandhabt wird (insbesondere im religiösen Kontext).
Genau diese Problematik greift Erich-Maria Fink[154] in seiner Argumentation auf und stellt sie in Zusammenhang mit den gegebenen gesellschaftlichen Normen und Werten. Kunst habe keine „Narrenfreiheit", da dies nicht anderes bedeuten würde als

> „vor der Wertefrage zu kapitulieren und einzugestehen, dass die Gesellschaft letztlich keine Werte mehr besitzt, die sie formulieren, begründen und verteidigen kann. Damit verliert auch die Würde des Menschen ihre Unantastbarkeit. [...] Wenn jemand die Aktionen der Gruppe als ‚Kunst' betrachtet, ist dies seine persönliche Angelegenheit. Doch er kann nicht von der Allgemeinheit einfordern, dass sie seinem Urteil folgt und den Auftritten von ‚*Pussy Riot*' die Freiheit der Kunst einräumt."[155]

So verschieden der Kunstbegriff verwendet und definiert werden mag, so klar ist allerdings, dass die Kunst auch immer einen sozialkulturellen Aspekt beinhaltet. Das bedeutet, dass Kunst eine individuelle Ausdrucksform als auch Rezeptionsästhetik darstellt. Dagegen sind die Individuen immer Teil eines Sozialgefüges und somit eines Welt- und Wertesystems.
Darum ist in diesem Zusammenhang durchaus verständlich, dass ein künstlerischer Akt, in dem bewusst mit Elementen aus dem religiösen Bereich auf grenzwertige Weise gespielt wird, als verletzend wahrgenommen wird. Denn an diesem Punkt überlappen sich zwei Kategorien von menschlichen Freiheiten: die Idee der freien Kunstausübung mit der der freien Religionsausübung. Diese Überlappung findet insbesondere dahingehend statt, als dass die in dem Kunstakt involvierten religiösen Elemente in einen sinn- und funktionsentfremdeten Kontext gestellt werden (z.B. das Betreten des Altarraums für die Performance) und damit automatisch eine Hierarchisierung der Freiheiten erzwungen wird (die Kunstfreiheit vor

---

[154] Röm.-kath. Pfarrer der Gemeinde „Königin des Friedens" in Beresniki/Ural (Russland).
[155] Fink, Erich Maria: *„Pussy Riot" und das Armutszeugnis des Westens.*

der Religionsfreiheit oder andersrum). In dieser Hierarchie wird zugleich eine entsprechende Wertzuschreibung der besagten Freiheit (Kunst oder Religion) unternommen, denn nun gilt es, für eine der Freiheiten einzustehen.
Dieser Problembereich der Überlappung von Freiheiten, die ebenfalls einem gesellschaftlichen Konsens unterliegen, soll nun im nächsten Kapitel genauer behandelt werden. Hierbei soll deutlich gemacht werden, dass die unterschiedlichen und kontroversen Ansichten im Kontext religiöser Themen auch die Bewertung der Kunst und ihrer Freiheiten bedingt. Aus dem Beispiel von *Pussy Riot* könnte man abstrahiert bemerken, dass Gesellschaften, in denen die Religion dem Privatbereich zugeschrieben wird, dazu tendieren, die entsprechenden religiösen Gefühle subjektiv und damit als eine von der Situation abhängige Variable zu behandeln. Auf der anderen Seite tendieren Gesellschaften, die die Religion zur öffentlichen (sozialen oder politischen) Angelegenheit machen, dazu, die religiösen Gefühle objektiv zu behandeln und damit eine klare Zuschreibung (bzw. Abgrenzung) der menschlichen Bereiche zu definieren.

2.2.3 Das Punkgebet – ein blasphemischer Akt?

Bei der Forderung nach größerer Barmherzigkeit an die ROK wird in der Diskussion innerhalb der deutschen Öffentlichkeit stellenweise kritisiert, dass die ROK den Begriff der Blasphemie *(das Verhöhnen oder Verfluchen bestimmter Glaubensinhalte einer Religion)* übertrieben verwende. [156] Darauf fokussiert beispielsweise Heiner Geißler[157], indem er die Nominierung von *Pussy Riot* für den Preis „Das unerschrockene Wort“ (Lutherpreis) unterstützt.

---

[156] Gesine Dornblüth bezeichnet überdies die Verwendung des Begriffes in diesem Zusammenhang als „mittelalterlich“. Dieser würde in einer sich demodernisierenden russischen Gesellschaft (einer vom Staate implementierten sozial-kulturellen Konsolidierung Russlands) wieder Einzug in die Alltagssprache gewinnen. Dornblüth, Gesine: *Orthodoxie als Kommunismusersatz*, http://www.deutschlandfunk.de/orthodoxie-als-kommunismusersatz.691.de.html?dram:article_id=231972, abgerufen am 4.1.2016 um 17:59.

[157] Bundesminister a.D. für Jugend, Familie und Gesundheit (CDU), u.a. Absolvent des Jesuitenkollegs in St. Blasien und Novize im Jesuitenorden.

Der Lutherpreis wird von den 16 im „Bund der Lutherstädte“ zusammengeschlossenen deutschen Kommunen an Personen verliehen,

> „die in einer besonderen Situation oder bei einem konkreten Anlass, aber auch beispielhaft über einen längeren Zeitraum hinweg, in Wort und Tat für die Gesellschaft, die Gemeinde oder den Staat bedeutsame Aussagen gemacht und gegenüber Widerständen vertreten haben“.[158]

Der Preis ist mit 10.000 Euro dotiert. Die Nominierung von *Pussy Riot* wurde von der Stadt Wittenberg mit von fünf Ja-Stimmen, einer Nein-Stimme und zwei Enthaltungen beschlossen.
Heiner Geißler verteidigt die Nominierung von *Pussy Riot* für den Lutherpreis mit der Begründung, dass der Auftritt der Frauen keiner Blasphemie gleiche[159]. Er empfindet die Verwendung des Begriffes als eine Anmaßung, denn die Gläubigen verwechselten dabei die Beleidigung ihrer eigenen Gefühle mit der Beleidigung Gottes – und wie Gott tatsächlich empfinde, wisse kein Mensch[160]. Daher sei es eine Anmaßung der Ankläger

> „zu wissen, wer Gott eigentlich ist. Die Vorstellung, dass Gott beleidigt sein soll, sich beleidigt fühlen soll durch das, was diese drei Mädchen getan haben, das ist eine absolut perverse Gottesvorstellung. Gott ist ein ganz anderer als das Bild, das sich die Theologie von Gott macht.“[161]

Geißlers Ansicht nach müsse man gleichermaßen Patriarch Kirill I. der Blasphemie bezichtigen, denn dieser habe Putin als einen von Gott Gesandten bezeichnet. *Pussy Riot* jedoch hätten mit ihrer Aktionskunst ähnlich wie Luther gehandelt. Das Annageln der Lutherischen Thesen mögen viele zu jenem Zeitpunkt als Sachbeschädi-

---

[158] §1 des *Preisstatuts „Das unerschrockene Wort“*, Bund der Lutherstädte: http://www.wittenberg.de/pics/medien/1_1352878609/Lutherpreis_Preisstatut.pdf, abgerufen am 4.1.2016 um 19:01.

[159] Auch Werner Schulz glaubt, dass die Aktion nicht als Gotteslästerung bezeichnet werden könne, denn es sei kein Gottesdienst gestört worden. Er bezeichnet den Auftritt als „beschimpfenden Unfug“. Schulz, Werner: *In Luthers Fußspuren.*

[160] Geißler, Heiner: *Geißler: Pussy Riot sind mutige junge Mädchen*, http://www.deutschlandfunk.de/geissler-pussy-riot-sind-mutige-junge-maedchen.694.de.html?dram:article_id=227441, abgerufen am 4.12.2016 um 21:44.

[161] Ebd.

gung und Verletzung ihrer religiösen Gefühle wahrgenommen haben. Allerdings habe Luther dies „völlig zu Recht und begründet getan“[162], wie nun *Pussy Riot.*

> „Sie haben in Russland eine unglaubliche Kumpanei der orthodoxen Kirche mit einem autoritären Staat, der die Menschenrechte verletzt, wo Journalisten ermordet werden, ein Willkürregime, mit dem sich die russische Kirche verbündet und dadurch selber den Glauben diskreditiert. Man muss ja wissen, Kirill I., nicht wahr, dieser Oberste in der orthodoxen Kirche, hat behauptet, Putin sei von Gott gesandt. Also das ist ja nun wirklich eine Gotteslästerung erster Klasse.“[163]

Zudem meint Geißler in der Performance eine Parallele zu Jesus Tempelausräumung zu erkennen, denn dieser habe so gegen die „Geldverfilzung der Hohepriester mit den damaligen Banken“ protestiert[164].

Zur Frage der Blasphemie und der Verletzung religiöser Gefühle äußert sich auch Werner Schulz in seiner schriftlichen Begründung zur Verleihung des Lutherpreises. Da für ihn die „Verletzung“ religiöser Gefühle weder diagnostiziert noch pathophysiologisch beschrieben werden kann, sei sie nur eine Provokation von negativen reaktiven Emotionen wie Bestürzung, Empörung, Entrüstung oder Ärger, Zorn, Rache und somit von aggressiven Impulsen denjenigen gegenüber, die diese Gefühle ausgelöst haben. Oftmals manifestiere sich die Verletzung der religiösen Gefühle in Intoleranz. Insbesondere passiere dies in autokratischen Systemen, in denen sich Menschen leicht manipulieren und instrumentalisieren ließen. Religiöse Gefühle sind seiner Ansicht nach anderen individuellen/subjektiven Gefühlen wie moralischen, ästhetischen, feministischen oder politischen nicht übergeordnet[165] – jene seien letztlich ebenfalls verletzlich – und daher sollten sie kein Ausnahmerecht genießen.

---

[162] Ebd.
[163] Ebd.
[164] Ebd.
[165] Schulz, Werner: *Begründung für die Preisverleihung „Das unerschrockene Wort“ an die russische Frauen Punkband Pussy Riot*, http://www.havemann-gesellschaft.de/fileadmin/Redaktion/Aktuelles_und_Diskussion/2012/Preisbegruendung_Das_unerschrockene_Wort_fuer_Pussy_Riot_final.pdf, abgerufen am 6.1.2016 um 15:26.

Zudem begründet Werner Schulz die Nominierung mit der Wahl des Ortes für die Performance, die „zur richtigen Zeit am richtigen Ort“ vorgetragen worden sei:

> „Sie haben den Slogan der Protestbewegung ‚Rossija bes Putina‘ (Russland ohne Putin), der vor der Präsidentschaftswahl in ganz Moskau zu hören war, zum richtigen Zeitpunkt und zum richtigen Ort getragen. Zumal es in Russland nicht unüblich ist, in Situationen in denen man sich schwach und ohnmächtig fühlt, den Beistand der Gottesmutter Maria zu erbeten, das Böse oder den Bösen zu vertreiben.“[166]

Immerhin habe man die Gottesmutter auch zu jenen Zeiten angefleht, in denen die Bolschewiki die Gotteshäuser zerstörten oder umfunktionierten, Priester und Gläubige verfolgten und ermordeten. Werner Schulz stellt die Frauen als einerseits Advokaten der oppositionellen Bewegung in Russland, andererseits der nicht mit dem Staate kollaborierenden und korrumpierten orthodoxen Kirche dar, denn sie haben „offenbar [...] das Evangelium besser verstanden als manche, die es verkünden“[167]. Allein mit diesem Auftritt sei es *Pussy Riot* endlich gelungen, mutig, kreativ und mit innerer Stärke[168] das Wesen des Systems Putin und die „unheilige Allianz“ zwischen Kreml und Kirche offen zu legen.

Die Nominierung von *Pussy Riot* für den Lutherpreis wurde allerdings von einigen wenigen Stimmen vehement kritisiert – und dies gerade mit dem Argument, dass Text und Ort der Performance religiöse Gefühle der Gläubigen verletzt hätten. Friedrich Schorlemmer[169] äußerte großes Unverständnis über die Nominierung, denn die Verwendung von Schimpfwörtern vor der Ikonostase sei unangemessen und anstößig. Zudem hätten die Frauen „all das, was den orthodoxen Kirchen heilig ist, nämlich die Mutter Maria und die Ikonen, als Kulisse für ihren Protest mit Video-Clip genommen“[170]. Den Frauen stehe es keineswegs zu, in eine Reihe mit vormaligen

[166] Ebd., S.6.

[167] Schulz, Werner: *In Luthers Fußspuren.*

[168] Schulz, Werner: *Begründung für die Preisverleihung "Das unerschrockene Wort"an die russische Frauen Punkband Pussy Riot*, S.20.

[169] Evangelischer Theologe, Bürgerrechtler und Mitglied der SPD.

[170] Schorlemmer, Friedrich / Schulz, Werner: *Lutherpreis für Pussy Riot?*, http://www.publik-forum.de/Politik-Gesellschaft/lutherpreis-fuer-pussy-riot/2, abgerufen am 6.1.2016 um 17:11.

Preisgewinnern wie Dmitri Muratow, dem Leiter der russischen Tageszeitung Nowaja Gazeta, gestellt zu werden. Im Unterschied zu anderen Gewinnern sei es das Ziel der Frauen gewesen, einen „höchstmöglichen Aufmerksamkeitseffekt" zu erwirken und dabei rücksichtslos „die Verletzung der Gefühle tiefgläubiger orthodoxer Christen in Kauf" zu nehmen[171]. Denn wäre solch eine Aktion vor der Klagemauer in Jerusalem oder im Petersdom in Rom passiert, hätte der Westen bestimmt nicht so verständnisvoll reagiert. Anscheinend werde hier mit zweierlei Maß gemessen und bestimmten Interessen gedient, denn die Aktion könne gegenteilig gewirkt haben und Putin sogar Zustimmung von dessen Kritikern bringen[172].
Der Kritik über die Nominierung von *Pussy Riot* für den Lutherpreis schließt sich Richard Schröder[173] dahingehend an, als dass er das Gerichtsurteil zwar als einen Justizskandal betitelt und er keinerlei Anhaltspunkt für „Rowdytum aus religiösem Hass" habe finden können, doch „adele sie ihr Opfersein" nicht[174]. Er begründet seine ablehnende Haltung damit, dass die Frauen nun einmal keine „Heldentat" begangen hätten, sondern eine „pubertäre Geschmacklosigkeit", die es nicht zu belohnen gelte[175]. Im Gegensatz zu Geißler und Schulz versteht Schröder diese Aktion als einen feigen Akt, der sich anonym in einer Blitzaktion zugetragen habe. Wäre der Auftritt umsichtig und gewissenhaft gewesen, hätten die Angeklagten sich im Nachhinein nicht entschuldigen müssen. Folglich hätten sie kein bedachtes, sondern ein unbedachtes Wort ausgesprochen. Luther hingegen hätte in Worms Gesicht gezeigt und habe sich vor seiner Aktion auf sein Gewissen berufen.
Die längere Diskussion über die Nominierung für den Lutherpreis zwischen den Befürwortern und Kritikern von *Pussy Riot* führte letztlich dazu, dass sich die Jury gegen die Verleihung des Preises an die russische Punkband entschied. Eine konkrete Begründung gab es nicht. Stattdessen ging die Auszeichnung im April 2013 mit

---

[171] Ebd.
[172] Ebd.
[173] Evangelischer Philosoph und Theologe.
[174] Schröder, Richard: Bitte keinen Preis für die Chaoten von *Pussy Riot*!
[175] Ebd.

einstimmigem Beschluss an die bayrische Initiative von Gastwirten aus Regensburg „Keine Bedienung für Nazis".

Die Frage der Blasphemie hingegen wurde weit über den Bereich der Nominierung von *Pussy Riot* für den Lutherpreis hinaus problematisiert und sogar in einen allgemeinen sozio-kulturellen Kontext gestellt. Schriftsteller Martin Mosebach forderte im Juni 2012 in einem Essay, Gotteslästerung wieder zu tabuisieren und staatlicherseits härter zu bestrafen[176]. Bekanntlich sei heutzutage die Gotteslästerung in der Kunst nicht mehr umstritten, sondern gar salonfähig. Zwar habe der säkulare Staat aufgrund seiner Neutralität in der Frage der Blasphemie Neutralität zu bewahren, doch lohne es sich zu hinterfragen, ob die Bundesrepublik Deutschland solch ein weltanschaulich neutraler Staat zu sein habe. Schließlich bekenne sich das Grundgesetz in seiner Präambel und „im Bewusstsein der Verantwortung vor Gott und den Menschen" zu einem Gott im Sinne der Tradition des christlichen Gottes. Diese Bekenntnis verpflichte den bürgerlich-liberalen Staat zum Schutz dieser Tradition, denn die Stabilität und der Erhalt des Staates beruhe auf Voraussetzungen, die er selber nicht schaffen könne (im Sinne des Diktums von Ernst-Wolfgang Böckenförde). Der Staat müsse ein „Interesse daran [haben], dass sein Grundgesetz nicht geistig ausgehöhlt wird und in Leerformeln austrocknet, sondern von lebendiger Realität bleibt"[177]. Ansonsten könne die sittliche Ordnung, die auf den Geboten dieser Tradition baut, nicht gewahrt blieben. Sie könne beispielsweise dann in Gefahr geraten, wenn eine größere Gruppe von Gläubigen sich durch Blasphemie in ihren religiösen Überzeugungen so verletzt fühlt, dass ihre Empörung zu einem öffentlichen Problem wird. Bedauerlicherweise habe die überwiegende Mehrheit der Christen in Deutschland ein religiöses Interesse verloren und sei in eine religiöse Indifferenz gefallen. Das würde zur irrtümlichen Annahme verleiten, dass Christen geradezu „verpflichtet [seien], die Schmähung ihres Glaubens klaglos hinzunehmen"[178].

---

176 Mosebach, Martin: *Vom Wert des Verbietens*, http://www.berliner-zeitung.de /kunst/kunst-und-religion-vom-wert-des-verbietens,10809186,16414828.html, abgerufen am 13.1.2016 um 16:19.

177 Ebd.

178 Ebd.

Christen würden unter anderem nun von „Atheisten mit lückenhafter Bibelkenntnis" aufgefordert werden, auch ihre andere Wange hinhalten zu müssen. Denn nun würde auch das Erstarken des Islam und insbesondere dessen Proteste gegen bestimmte Kunstaktionen – ob nun gegen die Mohammed-Karikatur in Dänemark oder das in England geforderte Verbot des Filmes „Die letzte Versuchung Jesu Christi" von Martin Scorsese – in Europa und Deutschland die Frage nach einer stärkeren Bestrafung bzw. Tabuisierung von Blasphemie im Bereich der Kunst herausfordern. Diese Forderung sei, so Martin Mosebach, keine Bedrohung der Kunst, denn gegenwärtig sei eher das Gegenteil der Fall. Mittlerweile sei die aktuelle Form der Freiheit der Kunst eine Bedrohung für die Religion/Religionsfreiheit geworden, denn Blasphemie in der Kunst könne „vollständig risikolos" betrieben werden, weil die „Vulgarität [...] einen besonders schalen Beigeschmack [bekommt und] sich in ihrem Rechthaben und ihrem Anspruch, geduldet zu werden, in der abstoßendsten Weise vor dem Publikum spreizt"[179].
Mit der Forderung nach einer härteren Bestrafung von Blasphemie setzte Martin Mosebach eine Diskussion in Gang, in der er Unterstützung unter anderem von Robert Spaemann erlangte. Spaemann erklärt, dass derzeit nur die islamische Religion den Schutz des Gesetzes genieße, nicht aber die christliche. Denn im Gegensatz zu den Muslimen reagierten Christen auf Beleidigung nicht mit Gewalt. Gleichwohl sei das Skandalöse an dieser Angelegenheit, dass das derzeitig angewendete deutsche Recht die Möglichkeit gebe, „das Heiligste [...], ungestraft öffentlich [zu] verhöhn[en], lächerlich [zu machen] und mit Schmutzkübeln [zu übergießen]".[180] Das Grundgesetz, das sich selbst affirmativ zum Gottesglauben stellt, indem es von der Verantwortung der Gründungsväter vor Gott spricht, solle allerdings in seiner Anwendung auch den Christen einen effektiveren Schutz bieten.

179 Ebd.

180 Spaemann, Robert: *Beleidigung Gottes oder der Gläubigen?*, http://www.faz.net/aktuell/feuilleton/debatten/robert-spaemann-zur-blasphemie-debatte-beleidigung-gottes-oder-der-glaeubigen-11831612.html, abgerufen am 14.1.2016 um 18:33.

> „Wem die Beleidigung der Religion so wichtig ist, dass er den Preis des Vorbestraftseins dafür zu zahlen bereit ist, soll ihn auch zahlen. Und was die Höhe betrifft, so müsste sie etwa das Doppelte dessen betragen, was auf Beleidigung von Menschen steht, nicht mehr, aber auch nicht weniger.“[181]

Ob Blasphemie tatsächlich eine Bedrohung für die Religion darstelle und ob es darüber hinaus einem weltlichen Gericht überhaupt zustehe, sie auszumachen, wenn es sie doch möglicherweise gar nicht gebe, fragt Alexander Görlach, Gründer und Chefredakteur von *The European*, in seinem Kommentar „Vandalierende Vaginas“[182]. Seine Antwort lautet: Nein. Ein Gericht könne nicht nachweisen, ob eine Aktion gotteslästerlich sei oder nicht, denn das Gericht könne und solle auch nicht die Existenz eines „vielleicht existierenden himmlischen Richter[s]“ [183] feststellen. Von daher treffe Gotteslästerung nicht Gott selber, sondern allein den Menschen.

> „Sie trifft die Gläubigen, die sich durch die Blasphemie in ihrem Menschsein herabgesetzt sehen, da der Ungläubige meint, mit seiner arroganten Besserwisserei (weil halt aufgeklärt) die Narretei und Scharlatanerie der Religion durchschaut zu haben.“[184]

Da es außerhalb eines religiösen Kontextes schwer ist, Blasphemie anhand von universellen und objektiven Kriterien klar zu bestimmen und diese zum einen von der emotionalen Verfassung des Einzelnen, zum anderen vom gesellschaftlichen Konsens abhängen, kann zum diskutablen Kriterium der Bewertung von Blasphemie allein die entsprechende Reaktion auf diese (Verurteilung, Strafen etc.) werden. Blasphemie ist nämlich an die Voraussetzung des Erregens eines öffentlichen Ärgernisses oder der Störung des öffentlichen Friedens gebunden. Damit spielt also die Reaktion der Angegriffenen eine Rolle für die Strafbarkeit. Je ruhiger sie sich verhalten – d.h., je weniger ihr Verhalten auf eine Verärgerung oder eine Friedensstörung schließen lässt –, desto weniger kommt eine Bestrafung in Frage. In der Kritik an der ROK wird insbesondere ihre

---

181 Ebd.

182 Görlach, Alexander: *Vandalierende Vaginas*, http://www.theeuropean.de/alexander-goerlach/11858-prozess-gegen-pussy-riot-in-russland, abgerufen am 14.1.2016 um 19:59.

183 Ebd.

184 Ebd.

Reaktion auf den Auftritt ins Visier genommen. Die ROK hätte sich auf ihre toleranten Werte besinnen und den „Unruhestifter" bemitleiden bzw. mit Humor betrachten sollen, um damit christliche Größe zu beweisen. So ist Ernst-Jörg von Studnitz der Auffassung ist, dass die ROK weniger heftig, also besonnen, milde und – ihrer christlichen Tradition entsprechend – barmherziger hätte reagieren sollen:

> „[...] ich würde mir sehr wünschen, wenn zum Beispiel seitens der Kirchenführung in Russland ein wirklich christliches Wort ergangen wäre – Vater, vergib ihnen, denn sie wissen nicht, was sie tun."[185]

Richard Schröder ist überzeugt, dass die ROK mit dem Prozess gegen die Frauen maßlos überreagiert habe.

> „Ich hätte sie zu einer Woche Laubharken im Park oder Putzen im Krankenhaus verurteilt. Eine Kirche sollte allerdings erst dann nach der Polizei rufen, wenn eine gütliche Beilegung des Ärgernisses gescheitert ist und fortwährende Störungen das gottesdienstliche Leben nachhaltig beeinträchtigen."[186]

Schließlich hätten sich die Frauen doch bereits entschuldigt und von daher hätte es keinen weiteren Grund gegeben, sie zu verurteilen.

> „Ja wem schaden die Frauen eigentlich? Dafür, dass sie Gläubige in ihrem religiösen Empfinden verletzt haben – was sie getan haben –, haben sie um Verzeihung gebeten. Es besteht kein Grund, an der Aufrichtigkeit ihrer Entschuldigung zu zweifeln." [187]

Anstatt dass die ROK im Zuge der Wiedererlangung der Religionsfreiheit im Jahre 1991 an ihre Tradition der Barmherzigkeit angeknüpft habe, so Klaus-Helge Donath, erinnere ihr heutiges Agieren vielmehr an das Bestreben nach einer gesellschaftlich-politischen Machtposition wie vor der Zeit von 1917. Aus diesem Grund führe sie sich wie ein „kolonialer Zuchtmeister" auf:

---

185 von Studnitz, Ernst-Jörg: *Studnitz: Dieser Prozess hat letztlich einen politischen Hintergrund.*

186 Schröder, Richard: *Bitte keinen Preis für die Chaoten von Pussy Riot!*

187 Dornblüth, Gesine: *Trübe Aussichten in Russland.*

„Die Kirche spielte in Russland schon immer eine fragwürdige Rolle. Der Mensch wird nur geduldet, wenn er sich in Demut ergibt. Allerdings nicht nur im Angesicht des Allmächtigen, sondern vor allem im Umgang mit den Vertretern der Kirchenhierarchie, die sich den weltlichen Herren ähnlich aufführen wie koloniale Zuchtmeister im eigenen Land. Die Interessen-Union zwischen Staat und Kirche wird in der offiziellen Darstellung zwar geleugnet, doch ist sie zwischen den Zeilen überall präsent. Auch in der Gleichbehandlung ist sie nicht zu übersehen: Die Bürokraten aus Staat und Kirche stehen über dem Gesetz. Auch dagegen haben die Punkerinnen gesungen. [...] Die orthodoxe Kirche betrachtet jeden Russen qua Geburt als orthodoxen Gläubigen. Wer jedoch den Glauben und seine Vertreter kritisiert, stellt sich außerhalb der Gemeinschaft. Auch darin sind sich Wladimir Putin und der Patriarch Kirill einig."[188]

In ihrer Kritik an der ROK geht Gesine Dornblüth noch weiter und bezeichnet die gegenwärtige Orthodoxie in Russland – im Sinne von Karl Marx – als „Kommunismusersatz"[189]. Die Orthodoxie würde als ideologische Untermauerung der aktuellen Politik Russlands und als nationale Idee benutzt, um die Bevölkerung Russlands zu einen. Da die Kirche als neuer Ideologieersatz mittlerweile gesellschaftliche Akzeptanz und Rückhalt erfahre, sei es somit wieder gesellschaftsfähig geworden, sich als Kirche „mittelalterlich" zu verhalten (z.B. Begriffe wie ‚Gotteslästerung' salonfähig zu machen sowie nicht zeitgemäße Schriften für solch eine Argumentation zu Rate zu ziehen, wie z.B. die Trullanische Synode aus dem Jahr 691). Desgleichen nehme man eine „Demodernisierung [der Gesellschaft in Kauf], die von den Mächtigen, der Obrigkeit, wie man in Russland sagt, gelenkt wird und eventuell gewollt ist"[190].
Mit gesellschaftlicher Modernisierung wird in Bezug auf die Religion Relativismus und Neutralität der Religion nach innen und nach außen hin verstanden. Jegliche außerhalb dieses Paradigmas stehende Denkart begreift man in der westlichen Denkweise als rückschrittlich und dogmatisch. Dies rührt insbesondere daher, dass vorrangig die individuelle Meinungsfreiheit ein schützenswertes Gut ist. Es wäre aber kontraproduktiv und würde den religiösen Frieden gerade nicht fördern, wenn tolerantere Religionsgemeinschaften benachteiligt würden und man von ihnen Großzügigkeit

---

188 Donath, Klaus-Helge: *Punk gegen Putin.*
189 Dornblüth, Gesine: *Orthodoxie als Kommunismusersatz.*
190 Ebd.

Verletzungen gegenüber verlangen würde. In Russland hat es sich der Staat zur Aufgabe gemacht, im Rahmen einer gesetzlichen Regelung der Religion einen Schutzbereich zu geben, um einem sozialen Unfrieden vorzubeugen.
Diese gesetzlichen Regelungen zum Schutz der Religion fallen von Land zu Land verschieden aus, je nachdem, wie der Staat sein Verhältnis zur Religion organisieren möchte und welcher Status ihr gesellschaftlich zugeschrieben wird. Wie eng oder weit dieser Schutzbereich in Deutschland und Russland gefasst wird, soll im folgenden Kapitel behandelt werden.

2.2.4 Gesetz zur Religionsfreiheit: Theorie vs. Praxis

Zum bisher untersuchten Meinungsbild in der öffentlichen deutschen Debatte lässt sich feststellen, dass die überwiegende Mehrheit der Autoren eine politische Motivation hinter dem Gerichtsurteil erkennt und die Rolle der Kirche allein in der eines politischen Handlangers sieht. Die Gefühle des religiösen Verletztseins und eine Bezichtigung der Blasphemie werden überwiegend als subjektive Impressionen verstanden, die rational nicht begründbar seien und somit in keinen objektiven Straftatsbestand fielen. Demzufolge wäre solch eine (irrational begründete) Urteilsverkündung aufgrund der demokratischen Prinzipien nach deutschem Recht unmöglich. Diese Ansicht begründet Peter Franck, Russlandexperte bei Amnesty International, rein aus der Perspektive der Empirie. Denn der im deutschen Strafgesetzbuch (StGB) verankerte Paragraf 167 (Störung der Religionsausübung) sehe zwar tatsächlich eine maximale Strafandrohung von bis zu drei Jahren vor. Jedoch würden Freiheitsstrafen bei ähnlichen Delikten in Deutschland praktisch nie verhängt.
Auch nach russischem Gesetz ließe sich das Gerichtsurteil nicht rechtfertigen, da es andere Möglichkeiten einer Bestrafung zuließe. Immerhin hätten die ersten beiden Gutachten gezeigt, dass es keinen Befund für religiösen Hass bzw. Feindseligkeiten gegeben habe. Insbesondere sei nachgewiesen, dass *Pussy Riot* keine feindselige Haltung gegenüber den Gläubigen als eine „sozialen Gruppe“ pflegten.

> „Auch von Hass oder Feindseligkeit gegenüber dem orthodoxen Klerus als ‚sozialer Gruppe' kann keine Rede sein. Die Aktion kritisierte das näher bezeichnete Verhalten einiger seiner Angehörigen in einer bestimmten Situation. Sähe man das als ‚Rowdytum' an, könnte man – wie gelegentlich schon geschehen – strafrechtlich auch gegen die Kritik an korrupten Beamten oder an einer bestimmten Politik vorgehen. Die Kritik müsste nur als Ausdruck einer feindseligen Haltung interpretiert und die Kritisierten als ‚soziale Gruppe' definiert werden. Wird die Kritik von einer Gruppe nach vorheriger Absprache formuliert, drohen bis zu sieben Jahre Haft."[191]

Selbst wenn die Aktion religiöse Gefühle hätte verletzen können – wie dies z.B. die Menschenrechtsorganisation Memorial erklärt[192] – , gebe es keinerlei strafrechtliche und menschenrechtliche Grundlage, um das Urteil zu rechtfertigen.

In diesem Punkt allerdings widerspricht Klaus Volk, Strafverteidiger und emeritierter Professor der Ludwig-Maximilians-Universität in München, indem er die Kluft zwischen Theorie und Praxis aufzeigt. Obwohl die vorhandenen Gesetze in der Praxis keine Anwendung fänden, wäre eine Verurteilung zu einer Freiheitsstrafe von bis zu 3 Jahren auch in Deutschland möglich, denn:

> „Auch in Deutschland ist ja, wie gesagt, die ‚Heiligkeit des Ortes' strafrechtlich sanktioniert, und wer das für richtig hält, sollte sich unter diesem Aspekt über das Moskauer Urteil nicht allzu sehr aufregen. [...] Wer in heiligen Hallen ‚beschimpfenden Unfug verübt', dem drohen drei Jahre Haft." [193]

Die Anwendung der Gesetze liege allein in dem gesellschaftlichen Verständnis von dem, was als „grober Unfug" anerkannt wird oder nicht – ergo im gesellschaftlichen Konsens. Um Religionsgemeinschaften dennoch den nötigen Schutz bieten zu können, sei es notwendig, sich ebenfalls deren „Vorstellungen über ‚grob ungehörig' zu eigen zu machen".

---

191 Franck, Peter: *Putins Exempel*, http://www.taz.de/!101493/, abgerufen am 16.1.2016 um 12:44.

192 o.A.: *Об уголовном преследовании участниц панк-группы «Pussy Riot» [Ob uslownom presledowanii utschastniz pank-gruppy „Pussy Roit"]*, http://www.memo.ru/d/3407.html, abgerufen am 16.1.2016 um 18:52.

193 Volk, Klaus: *Russisches Rowdytum, deutscher Unfug*, http://www.sueddeutsche.de/politik/empoerung-ueber-pussy-riot-urteil-russisches-rowdytum-deutscher-unfug-1.1450931, abgerufen am 17.1.2016 um 14:12.

„Strafrecht soll Rechtsgüter schützen, und ob dazu auch Gefühle gehören, ist unter Strafrechtlern wieder sehr umstritten. Genügt es für eine Bestrafung, dass einer die Gefühle von Gläubigen verletzt, deren Überzeugung andere zwar nicht teilen, aber tolerieren müssen? Der Antwort auf diese schwierige Frage kann man sich dadurch entziehen, dass man auf die Aufgabe des Staates verweist, den öffentlichen Frieden zu sichern. Würde die Justiz nicht reagieren, müsste man befürchten, dass die Empörung eskaliert und in ‚Riots' endet. Diese Begründung ist nicht besonders stark, und deshalb würden bei uns die Strafen schwach ausfallen, sollten sie überhaupt verhängt werden. "[194]

Diese Art von Schutz der Religionsgemeinschaften kann nach Ansicht von Erzbischof Ludwig Schick[195] ausschließlich gewährt werden, wenn Blasphemie härter bestraft bzw. ihr mit einem Gesetz gegen die Verspottung religiöser Werte und Gefühle zuvorgekommen würde. Hierzu ist allerdings ein gesellschaftlicher Konsens notwendig, um Blasphemie als solche zu verstehen. Dieser Konsens könne erlangt werden, indem klar erklärt würde, dass Spott und Satire über Religion eine Verletzung der Menschenwürde darstellten[196]. In diesem Punkt stimmt auch der CSU-Politiker und Mitglied im Bayrischen Landtag Thomas Goppel überein. Der Schutz der Religion könne keine Variable darstellen, die situativ angewendet würde:

„Wenn wir – und das ist die deutsche Geschichte, deswegen sind wir auch besonders betroffen – in der Frage der Juden eine ähnliche Verunglimpfung feststellen, werden wir alle ganz, ganz aufgeregt und schwierig. Wenn es um die Christen geht, sind wir unempfindlich. Das muss sich wieder ändern. Das hat aber nichts mit den Paragrafen zu tun."[197]

Bedauerlicherweise sei die deutsche Öffentlichkeit im Laufe ihrer neueren historischen Entwicklung der tradierten christlichen Religion gegenüber unempfindlich und ignorant geworden. Beinahe kritiklos würde mit der Beleidigung von Religion und ihrer Autoritäten umgegangen:

---

194 Ebd.

195 Römisch-katholischer Erzbischof von Bamberg und Metropolit der Kirchenprovinz Bamberg.

196 o.A.: *Bischof fordert Anti-Blasphemie-Gesetz*, http://www.sueddeutsche.de/bayern/vorstoss-gegen-gotteslaesterung-bamberger-bischof-fordert-anti-blasphemie-gesetz-1.1429219, abgerufen am 19.1.2016 um 18:31.

197 Goppel, Thomas: *CSU-Politiker fordert Respekt gegenüber allen Religionen.*

„Das nehmen wir so selbstverständlich und so ganz klar als nichts anderes als einen kleinen Alltagsumgang untereinander, in dem wir uns alles leisten können, wie beispielsweise in der Satirezeitschrift jüngst die Abbildungen des Papstes.“[198]

Gleichwohl gehöre der Vorschlag der Verankerung eines Gesetzes gegen die Verspottung religiöser Werte dahingehend hinterfragt und abgelehnt, als dass dies eine Bedrohung der „demokratischen Freiheitsrechte“ bedeuten könne, interveniert Volker Beck. Denn Gläubige bräuchten keinen anderen strafrechtlichen Schutz vor Diffamierung, Beschimpfung und Hetze als andere soziale Gruppen. Respekt vor Religionen und Weltanschauungen müsse gesellschaftlich erstritten und nicht strafrechtlich verordnet werden[199]. Da Religion im westlichen Verständnis nunmal eine Privatsache sei und ihre Ausübung in der Freiheit des einzelnen liege, gebühre ihr kein inhaltlicher Schutz, denn dies würde ein weites Feld von möglichen Interpretation zur Folge haben.

In Russland hingegen versteht man den formalen und inhaltlichen rechtlichen Schutz der Religion als eine öffentliche Angelegenheit. Als Konsequenz aus dem öffentlichen Auftritt von *Pussy Riot* wurde im Juni 2013 ein abgeändertes Gesetz gegen Blasphemie (Gesetzesprojekt Nr. 142303-6) verabschiedet, das am 1. Juli 2013 in Kraft trat. Dieses Gesetz sieht einige Abänderungen des §148 russ. StGB (Verletzung des Rechts auf Glaubens- und Gewissensfreiheit)[200] vor. Die Änderung bezweckt die Sanktionierung öffentlicher Handlungen, die eine „zweifelsfreie Respektlosigkeit gegenüber der Gesellschaft“ (явное неуважение к обществу, jawnoje neuwaschenie k obschtschestwu) bekunden und „mit dem Ziel begangen werden, religiöse Gefühle zu verletzen“ (в целях оскорбления религиозных чувств верующих; w zeljach oskorblenija religioznych tschuwstw werujuschtschich). Die Sanktionen reichen von hohen Geldstrafen bis zu der Höchststrafe einer Inhaftierung von bis zu drei Jahren.

---

[198] Ebd.

[199] o.A.: *Bischof fordert Anti-Blasphemie-Gesetz.*

[200] Vgl. *Russisches Strafgesetzbuch* Art. 148: http://www.zakonrf.info/uk/148/, abgerufen am 19.1.2016 um 15:44.

Solch ein Vorstoß fand auch bei Einzelnen auf deutscher Seite Anklang. Erich-Maria Fink unterstützt das Unterfangen, religiöse Gefühle unter Schutz zu stellen und Blasphemie stärker unter Strafe zu stellen. Denn auch die Begründung des Urteils mit dem „moralischen Schaden für die anwesenden Gläubigen" griff seiner Ansicht nach nicht weit genug. Vielmehr ginge es generell um eine Wertediskussion und um den Schutz vor der Verletzung religiöser Gefühle, wenn nicht sogar vor einem „Angriff auf religiöse Werte"[201]. Nun aber gehört solch eine Wertediskussion um den Schutz vor der Verletzung religiöser Gefühle sowie um das Verständnis von religiöser Freiheit und deren Grenzen grundsätzlich in den Rahmen eines gesellschaftlichen Diskurses. Aus diesem Grund soll sich die Betrachtung der Wertediskussion allein auf den Kontext der Diskussion um die Kundgebung von *Pussy Riot* und die damit verbundenen sozio-kulturellen Vorstellungen über den Wert der religiösen Freiheit beschränken. Denn eine künstlerische Performance in einer katholischen oder evangelischen Kirche wäre in Deutschland in erster Linie wohl kaum als ein Politikum bewertet worden – dies insbesondere aus der Erfahrung heraus, dass sich die Sphären von Kirche und Staat in der heutigen deutschen Öffentlichkeit nicht überschneiden. Vielmehr soll in der folgenden Kritik auf Perspektiven bzw. die sozio-kulturellen Eigenheiten in der russischen Gesellschaft hingewiesen werden, die bei der Deutung des Gerichtsverfahrens gegen *Pussy Riot* in der deutschen Diskussion außer Acht gelassen worden sind.

2.3 Kritik

2.3.1 Die Kunst liegt im Auge des Betrachters

Im vorherigen Kapitel sollte aufgezeigt werden, dass der in der öffentlichen Diskussion mehrheitlich verwendete Begriff der Blasphemie ein überwiegend von subjektiven Anschauungen und Gefühlsmomenten hervorgerufener Zustand ist. Die Blasphemie steht

[201] Fink, Erich Maria: *„Pussy Riot" und das Armutszeugnis des Westens.*

zugleich in Verbindung mit Elementen der sozio-kulturellen Prägung wie auch eines theologisch begründeten Gottesbildes. Eine ähnliche Problematik der nicht eindeutigen Verwendung von Begrifflichkeiten kann nun bei den Termini Kunst und Freiheit festgestellt werden. Denn auch deren Bestimmung steht im Zusammenhang sowohl mit dem Zeitgeist (sozio-kulturelle Prägung) als auch einer philosophischen Erklärung. Zunächst zum Begriff der Kunst. Die Frage nach dem, was unter Kunst zu verstehen sei, beschäftigt die Geisteswissenschaften bis zum heutigen Tage. Denn die Schwierigkeit ihrer Definition beruht insbesondere darin, dass das Verständnis von Kunst einerseits mit der philosophischen Richtung als auch mit dem sozio-kulturellen Kontext der jeweiligen Epoche (Verständnis von Ästhetik, soziale Normen etc.) verbunden ist. Daher ist zur Erörterung des Begriffes Kunst entweder ein erneuter philosophischer und sozio-kultureller Diskurs erforderlich oder ein jeder muss seinen Begriff der Kunst darlegen, den er in eine Diskussion einbringt. Ein gesellschaftlicher Diskurs scheint nützlich zu sein, das Kunst stets in sich das Potenzial trägt, die Gesellschaft zu polarisieren. Insbesondere weisen in letzter Zeit die Reaktionen von einigen gesellschaftlichen Gruppen auf künstlerisch verarbeitete religiöse Themen – ob es die Karikaturen sind oder gekreuzigte Katzen als Souvenirobjekt – auf die Notwendigkeit solch einer Diskussion hin.

Martin Heideggers Ansatz, die Kunst zu erklären, besteht in ihrem überzeitlichen Wesen. Damit sei sie eine aus sich selbst definierbare Entität. Kunst könne somit nicht anhand wissenschaftlicher Disziplinen (Psychologie, Soziologie) oder von einem ästhetischen Standpunkt erklärt werden, denn diesfalls würden normative Maßstäbe gelten. Die Autorin geht mit diesem Ansatz dahingehend einher, als dass die Kunst normativ nicht bestimmbar ist. Allerdings ist ihrer Ansicht nach die Kunst bedingt durch zweierlei Gegebenheiten:

1) die Funktionalität/Nicht-Funktionalität: die Kunst erhielt historisch stets verschiedene Bestimmungen hinsichtlich ihrer sozialen Rolle. Immerhin bekunden auch die Vertreter der Gruppe *Wojna* und darüber hinaus *Pussy Riot* selbst diese Funktionalisierung der Kunst: Kunst habe heute politisch zu sein.

2) das Element des Subjektiven: die Kunst stellt grundsätzlich einen der Tätigkeitsbereiche des Menschen dar, anhand derer er seinem Innenleben Ausdruck geben kann bzw. sein ästhetisches Weltbild reflektiert findet. Mit den Worten Arthur Schopenhauers stellt die Kunst eine der Stufen der Objektivation des menschlichen Willens in der Welt dar. Der Wille ist für Schopenhauer das Innerste, der Kern aller Erscheinungen bzw. der Vorstellung der Welt. Er ist die metaphysische Kraft, die die Gestaltung der Erscheinungswelt bestimmt und „wovon alle Vorstellung, alles Objekt, die Erscheinung, die Sichtbarkeit, die *Objektität* ist“[202]. Somit wird Kunst durch die subjektive Beschaffenheit des Individuums bestimmt.

Dieser Definition entsprechend würde allerdings allein der Autor eines Kunstwerkes die Erscheinungswelt gestalten, wobei der Rezipient in eine passive Lage gebracht wäre. Demgegenüber ist dem Prinzip des Ausdrucks ein richtungsweisender Charakter inhärent – und zwar auf einen objektiven Bezugspunkt hin. Die Kunst ist somit im Verständnis der Autorin ein non-verbales Kommunikationsmittel, das zwar keinen linguistischen und grammatischen Regeln, allerdings einem sozio-kulturellen Code untersteht. Besteht nun in der Gesellschaft ein allgemeines Verständnis darüber, wo beispielsweise die Grenzen der religiösen Verunglimpfung sind, so wird der Autor des Kunstwerkes diese aus Respekt nicht missachten. Abgesehen von nicht eindeutigen, interpretationsbedürftigen Schöpfungen ist also die Freiheit der Kunst (Art. 5 Abs. 3 GG) dadurch bedingt, dass sie in erster Linie einen konstruktiven und nicht trennenden Beitrag zum gesellschaftlichen Leben zu leisten hat.

Denn so unterschiedlich und unklar der Begriff Freiheit aus philosophischer, theologischer, juristischer und sozialer Perspektive definiert und interpretiert werden kann, so besteht zunächst ein Grundkonsens darüber, dass Freiheit eine Möglichkeit der zwanglosen Wahl bzw. Entscheidung zwischen unterschiedlichen Möglichkeiten bedeute. Dabei wird der Rahmen der Freiheit gebildet durch, zum einen, die Beziehung zur Sache und, zum anderen, die Beziehung zum Nächsten. Ebendiese Interdependenz wird auch im

---

[202] Schopenhauer, Artur: *Welt als Wille und Vorstellung*, Bd.2, Zürich 1988, 302.

Grundgesetz formuliert. Freiheit und Verantwortung werden im Gesetz synonym für Rechte und Pflichten des Einzelnen gegenüber der Gesellschaft verstanden. Zum Beispiel fordert Artikel 14, Abs. 2 des GG, dass Eigentum verpflichtet: „Sein Gebrauch soll zugleich dem Wohle der Allgemeinheit dienen.“ Dies gilt ebenso für die Meinungsfreiheit. Artikel 5 des GG gesteht jedem das Recht zur freien Meinungsäußerung zu, fordert zugleich den verantwortungsvollen Umgang unter Akzeptanz der Freiheitsrechte anderer ein. Freiheit und Verantwortung sind somit nicht als Gegensätze zu verstehen, sondern sollen als Begriffspaar begriffen werden, welches das Fundament einer demokratischen Gesellschaft darstellt.

Aus diesem Grund verfügt der Künstler in seinem Schaffen zum einen über Freiheit, zum anderen aber auch über Verantwortung. Denn die Freiheit der Kunst kann nicht darin bestehen, das Sujet der Schöpfung frei zu wählen, aber die Verantwortung darüber, den consensus omnium nicht zu verlassen, außer Acht zu lassen. Allenfalls muss der Künstler auch bereit sein, mögliche Nachteile und negative Reaktionen in Kauf zu nehmen.

Pussy Riot haben mit der Wahl des Ortes für die Aufführung ihrer Performance diesen consensus omnium verlassen – und zwar dahingehend, als dass sie einen sakralen Ort zur politischen Kundgebung nutzten. Es ist allgemein bekannt, dass der Ambo (auch Ambon) in der orthodoxen Kirche der Ort ist, den Frauen nicht betreten dürfen. Wird Kunst in einem neutralen bzw. an einem ihr vorgesehenen Ort aufgeführt (Konzertsälen, Ausstellungen, Museen etc.), stellt sich das Problem einer möglichen religiösen Verunglimpfung weniger. Denn hier begibt sich der Künstler in einen (rechtlich) definierten Raum. Trotz eines möglicherweise berechtigten Anliegens sollte in Betracht gezogen werden, dass Kritik, die auf dem Regel- bzw. Tabubruch basiert, keineswegs konstruktiv sein kann.

Auf gleiche Weise kann die Darbietung des Liedtextes an jenem sakralen Ort kritisiert werden. Denn das Punkgebet beinhaltet Stellen, deren Inhalt gotteslästerlich verstanden werden kann. Diese Interpretation findet in der deutschen Übersetzung keine sinngemäße Abbildung. Diese Übersetzungsschwäche führte in der Diskussion um Blasphemie zu dem Missverständnis, dass auch die Wortwahl von den russischen Menschen mehrheitlich als blasphemisch verstanden wurde.

In diesem Zusammenhang hat sich die Autorin näher mit dem Liedtext *„Mutter Gottes, vertreibe Putin“* sowie der Aufdeckung der Übersetzungsirrtümer auseinandergesetzt und diese zu einem umfassenderen Verständnis der am Liedtext geübten Kritik im folgenden Kapitel dargelegt. Auffallend ist dabei die Tatsache, dass die im Originaltext pejorativ verwendeten Ausdrücke in der deutschen Übersetzung kein semantisches Pendant finden. Die gebräuchliche Übersetzung des Liedtextes ins Deutsche scheint auf der im Juli 2012 von Irina Lewinskaja und Walentina Usunowa erstellten Gegenexpertise zu beruhen, die den neutralen Charakter einiger strittiger Begriffe darlegen soll, die in der dritten Expertise kritisiert worden sind.

2.3.2 Das Punkgebet – eine missverständliche Übersetzung

Folgender Text wurde von *Pussy Riot* am 21. Februar 2012 vor dem Ambo der Christ-Erlöser-Kathedrale vorgetragen[203]:

---

[203] Der Text und dessen Übersetzung sind von der Website http://pussy-riot.livejournal.com/12442.html entnommen worden, 20.1.2016 um 16:32.

„Богородица, Путина прогони“

Богородица, Дево, Путина прогони
Путина прогони, Путина прогони

Черная ряса, золотые погоны
Все прихожане ползут на поклоны
Призрак свободы на небесах
Гей-прайд отправлен в Сибирь в кандалах

Глава КГБ, их главный святой
Ведет протестующих в СИЗО под конвой
Чтобы Святейшего не оскорбить
Женщинам нужно рожать и любить

Срань, срань, срань Господня
Срань, срань, срань Господня

Богородица, Дево, стань феминисткой
Стань феминисткой, феминисткой стань

Церковная хвала прогнивших вождей
Крестный ход из черных лимузинов
В школу к тебе собирается проповедник
Иди на урок - принеси ему денег!

Патриарх Гундяй верит в Путина
Лучше бы в Бога, сука, верил
Пояс девы не заменит митингов -
На протестах с нами Приснодева Мария!

Богородица, Дево, Путина прогони
Путина прогони, Путина прогони

„Mutter Gottes, vertreibe Putin“[204]

Mutter Gottes, du Jungfrau,
vertreibe Putin!
Vertreibe Putin, vertreibe
Putin!

Schwarzer Priesterrock, goldene Schulterklappen–
Alle Pfarrkinder[205] kriechen
zur Verbeugung,
das Gespenst der Freiheit im
Himmel
Homosexuelle werden in
Ketten nach Sibirien geschickt

Der KGB-Chef ist euer[206]
oberster Heiliger,
er steckt die Demonstranten
ins Gefängnis.
Um den Heiligsten[207] nicht
zu betrüben,
müssen Frauen gebären und
lieben

Göttlicher Dreck, Dreck,
Dreck![208]
Göttlicher Dreck, Dreck,
Dreck!

Mutter Gottes, du Jungfrau,
werde Feministin
Werde Feministin, werde Feministin!

Kirchlicher Lobgesang für
die verfaulten Führer,
Kreuzzug[209] aus schwarzen
Limousinen.

---

204 Deutscher Text aus: http://www.fr-online.de/politik/pussy-riot-liedtext--mutter-gottes--du-jungfrau--vertreibe-putin--,1472596,16906682.html, abgerufen am 21.1.2016 um 17:23.

205 In der Übersetzung der dpa auch als „Pfarrkinder“ übersetzt, siehe z.B.: http://www.focus.de/politik/ausland/punk-gebet-von-pussy-riot-im-wortlaut-mutter-gottes-vertreibe-putin_aid_790159.html, http://www.fr-online.de/politik/pussy-riot-liedtext--mutter-gottes--du-jungfrau--vertreibe-putin--,1472596,16906682.html, abgerufen am 22.1.2016 um 18:02.
Anm. d. Autorin: Eine geeignete Übersetzung wäre in diesem Fall „Gemeindemitglieder“.

206 Amn. d. Autorin: ihr

207 Amn. d. Autorin: Святейший/Swjatejschij ist die eigentliche Ansprache des Patriarchen (Eure Heiligkeit) – und nicht „Heiligster“.

208 Amn. d. Autorin: Die geeignete Übersetzung wäre hier „Scheiße“, denn срань/sranj ist im Russ. ein derber Ausdruck bzw. Schimpfwort für „Scheiße“. Dreck ist nicht die geeignete Übersetzung, denn „Dreck“ bedeutet im Russ. beispielsweise „грязь/grjaz‘“. Dieser Vers wäre eher als „Von Gott Ausgeschissenes“ zu verstehen.

209 Amn. d. Autorin: Kreuzprozession

In die Schule kommt der
Pfarrer[210],
geh zum Unterricht, bring
ihm Geld.

Der Patriarch[211] glaubt an
Putin.
Besser sollte er, der Hund,
an Gott glauben.
Der Gürtel der Seligen Jungfrau ersetzt keine Demonstrationen[212],
Die Jungfrau Maria ist bei
den Protesten mit uns!

Mutter Gottes, du Jungfrau,
vertreibe Putin!
Vertreibe Putin, vertreibe
Putin!

---

210 Anm. d. Autorin: In die Schule soll zu dir der Missionar kommen

211 Amn. d. Autorin: Die Übersetzung ist hier falsch, denn in der russischen Version steht – Der Patriarch Gunjaj. Der bürgerliche Nachname des Patriarchen ist Гундяев/Gundjaew. An dieser Stelle wird der Name parodiert – mit гундяй/gundjaj ist entweder die 2. Person Sg. Imperativ gemeint (Infinitiv гундеть/gundet‘ bedeutet so viel wie „nörgeln, brummeln") oder eine Allusion auf негодяй/negodjaj („Halunke", „Schuft", „Schurke").

212 Anm. d. Autorin: Meetings

Im Punkgebet „Mutter Gottes, vertreibe Putin“ werden hauptsächlich drei Sachverhalte kritisiert: das Verhältnis von ROK und Staat, der damalige Präsidentschaftskandidat Wladimir Putin sowie die ROK selbst. Hierbei wird Maria, die Mutter Gottes, als die einzig glaubwürdige Vertrauensperson ersucht, die die Verhältnisse in Kirche und Staat zu ändern fähig sei: einerseits Vladimir Putin um sein Amt zu bringen, andererseits die Missstände in der kirchlichen Moral und Theologie zu ändern. Ihr Schutzmantel stelle daher den einzigen Zufluchtsort in solch wirren und korrupten Zeiten dar („Die Jungfrau Maria ist bei den Protesten mit uns!“). Der Kirche sei nicht mehr zu trauen, da sie sich nur bereichere („bring ihm Geld!“) und andere ihrer Machtausübung untertänig mache („Alle Pfarrkinder kriechen zur Verbeugung“) und sich somit an der korrupten staatlichen Macht beteilige („verfaulte Führer“, „der Patriarch glaubt an Putin“).

Das oberste Wort in der ROK habe der Staat selbst („Der KGB-Chef ist euer oberster Heiliger“) und die Kirche sei nur dessen Handlanger, um das gläubige Volk regieren zu können („er steckt die Demonstranten ins Gefängnis“). Dabei bedienten sich beide Institutionen der Unterdrückung der Minderheiten („Homosexuelle werden in Ketten nach Sibirien geschickt“) und der Andersdenkenden zur Sicherung ihrer Macht – und besiegelten damit die Unterdrückung der Menschenwürde und Freiheit eines jeden unbequem Denkenden („Das Gespenst der Freiheit im Himmel“).

Mark Fejgin, Anwalt von Nadeschda Tolokonnikowa, zufolge beinhaltete der Text keinerlei obszöne Lexik und „keinerlei offen beleidigende Aufrufe“[213]. Dahingegen gibt es Kritiker, wie beispielsweise Wsewolod Tschaplin[214], welche Teile des Textes als eine Beleidigung der Gläubigen verstehen („*Alle Pfarrkinder kriechen zur Verbeugung*“). Zudem würden unsägliche Worte im Zusammenhang

---

213 Vgl. Interview mit Mark Fejgin: *Пикеты в защиту Pussy Riot [Pikety w saschtschitu Pussy Riot]*, http://www.russian.rfi.fr/rossiya/20120308-pikety-v-zashchitu-pussy-riot, abgerufen am 26.1.2016 um 14:35.

214 Wsewolod Anatoljewitsch Tschaplin, russisch-orthodoxer Erzpriester, ist Vorsitzender der Abteilung der heiligen Synode des Moskauer Patriarchats für Beziehungen zwischen Kirche und Gesellschaft und Mitglied der Gesellschaftlichen Kammer Russlands.

mit dem Allerheiligsten verwendet („*sranj Gospodnja*" – „die *Scheiße* des Herrn", im deutschen Text fälschlicherweise mit „*Dreck*" übersetzt).

Da einige Stellen in der deutschen Übersetzung unsauber sind und keine zur russischen Semantik äquivalente Übersetzung bieten, soll nun im Folgenden auf jene Textstellen eingegangen werden und eine aus Sicht der Autorin treffendere Lesart geboten werden. Bekanntlich ist die Übersetzung eines fremdsprachigen Textes entscheidend und richtungsgebend für die dazugehörige Diskussion. Es ist deutlich geworden, dass aufgrund einer großzügigen Übersetzung einige semantische Probleme, die den kritischen Textstellen inhärent sind, nicht erkannt bzw. verstanden worden sind.

Während in der russischen Wahrnehmung die teilweise unangemessene und vulgäre Terminologie als störend empfunden wurde, so ist in der deutschen Übersetzung des Punkgebetes festzustellen, dass hier die neutrale Übersetzungsvariante gewählt wurde und diese dadurch recht harmlos erscheint. Trotzalledem ist Tatsache, dass einerseits die russische Sprache an Vulgarismen beachtlich reicher ist. Andererseits ist es nicht möglich die stellenweise höchst infame Bedeutung der russischen Wörter mit dem deutschen Wortschatz wiederzugeben.

Ein problematisches Moment in der Übersetzung und Interpretation des Textes stellt die vulgäre Lexik an einigen Stellen dar, die in diesem Kontext gewiss als gotteslästerlich verstanden werden kann. Es geht insbesondere um die Wortverbindungen „sranj Gosopdnja" („срань Господня") und „Patriarch Gundjaj [...] suka" („Патриарх Гундяй [...] сука"). Den beiden Ausdrücken „sranj" und „suka" ist ihre inhärente obszöne Semantik charakteristisch, denn beide gehören im Russischen der Kategorie der Schimpfwörter (ругательные слова, rugatel'nye slova) an.

Zunächst zur fragwürdigen gebräuchlichen Übersetzung des Lexems „sranj" ins Deutsche. Die für „sranj" gewählte Übersetzung *Dreck* gibt nicht den Sinngehalt des Begriffes in seinem vollen Umfang wieder. Zwar hat das Lexem *Dreck* in seiner übertragenen Bedeutung und im bestimmten Kontext einen beleidigenden Charakter, dennoch liegt dessen Grundbedeutung im neutralen Bereich.

Im Gegenzug hat „sranj“ eine a priori negative/vulgäre Bedeutung. „Sranj“ (auch: „sranjo“) findet im Wörterbuch des russischen Mat eine Übersetzung als Geschissenes oder Scheiße[215], was der eigentlich vulgären Bedeutung dieses Begriffes nicht gleich kommt – in der modernen russischen Sprache gehört dieser Begriff zur Fäkalsprache.
Zwar gibt es auch im russischsprachigen Diskurs keine einheitliche Meinung darüber, wie die Verbindung „sranj Gosopdnja“ (in der gebräuchlichen deutschen Übersetzung als „Göttlicher Dreck“ wiedergegeben) verstanden werden solle, da es hierfür keinen Wörterbucheintrag gibt. Die Mehrheit der russischsprachigen Menschen wie auch die Vertreter der dritten Expertise (V.J. Troitzkij, V.V. Abramenkowa, I.V. Ponkin) verstehen allerdings „sranj Gospodnja“ als eine lose Wortverbindung, deren Bedeutung sich aus der Interpretation der einzelnen Lexeme ergibt. Denn bereits im Internet wird dem Leser aufgrund der obszönen Bedeutung von „sranj“[216] eine Anzeige für eine mögliche beleidigende Empfindung gegeben. Daher sieht die Autorin für diese Wortverbindung keine passendere Übersetzung als „die Scheiße des Herrn“ an. Zudem potenziert sich die anstößige Semantik mit dem Faktor des Aufführens dieser Ausdrücke in einem sakralen Raum – dies könne als eine Gotteslästerung empfunden werden.[217]
Einige verstehen „sranj Gospodnja“ als einen Phraseologismus, der eine Lehnübertragung vom engl. „holy Shit“ sein soll. So erklären I.A. Lewinskaja und V.G. Usunova, dass „sranj Gospodnja“ eine Lehnübertragung vom Englischen „holy shit“ sei, die in den achtziger und neunziger Jahren des 20. Jahrhunderts durch die Übersetzung englischsprachiger Filme in die russische Sprache Einzug erhielt[218]. Diese Lehnübertragung sei daher als ein Phraseologismus

---

215 Webseite mit Begriffserklärungen des russischen *Mat* unter: http://www.russkimat.net/page.php?l=RuDe&a=%D0%A1, abgerufen am 22.1.2016 um 18:41.

216 https://ru.wiktionary.org/wiki/%D1%81%D1%80%D0%B0%D0%BD%D1%8C , abgerufen am 22.1.2016 um 18:46.

217 Фейгин, Марк: *Экспертиза Троицкого-Абраменковой-Понкина по "делу PUSSY RIOT" [Ekspertiza Troizkogo-Abramenkowoj-Ponkina po „delu PUSSY RIOT“].*

218 Левинская И.А., Узунова В.Г.: *К вопросу об экспертизе действий группы «Pussy Riot» [K woprosu ob ekspertize dejstwij gruppy „Pussy Riot“].*

zu verstehen, der eine Interjektion für eine (unangenehme) Überraschung sei. Anhand dieser Interjektion drückten somit die Sängerinnen ihre negative Haltung gegenüber der engen Allianz von ROK und politischer Macht aus.

Wäre jedoch „sranj Gospodnja“ als ein Phraseologismus zu verstehen, müsste neben Erkennungsmerkmalen wie Polylexikalität, Festigkeit (Stabilität der Verbindung), Idiomatizität etc. ein wesentliches Kriterium vorhanden sein – und zwar der allgemeine Gebrauch dessen. An diesem Bekanntheitsgrad von „sranj Gospodnja“ als Phrasem für „holy shit“ scheint es offensichtlich innerhalb der russischen Gesellschaft zu mangeln, denn selbst in den Übersetzungen englischsprachiger Filme ins Russische fand bis dato keine äquivalente Übersetzung statt. Anstelle dessen werden Übersetzungen wie *ni figa sebe* (ни фига себе), *nitschego sebe* (ничего себе), *nichrena sebe* (нихрена себе) etc. verwendet. Erst mit *Pussy Riot* scheint das Phrasem „sranj Gospodnja“ als „holy shit“ salonfähig gemacht worden zu sein.

Eine weitere Ansicht zur Wortverbindung „sranj Gospodnja“ vertritt Michael Epstejn, der diese als eine Lehnübertragung von Martin Luthers Aussage über die Erschaffung des Menschen versteht. Der Mensch sei nämlich nach Luthers Aussage „Göttlicher Dreck“, der aus dem Anus des Höchsten fällt[219]. Demnach müsse diese Übertragung weder als eine gegen Gott noch gegen die Gläubigen gerichtete Aussage gewertet werden, als vielmehr eine gegen die Vertreter der Kirche, die die Autoren des Textes (*Pussy Riot*) als unwürdige Amtsausübende erachteten. Zu solch einer vulgären Aussage Martin Luthers über die Herkunft des Menschen konnte die Autorin jedoch keinen Beleg finden.

Ähnlich irritierend und fragwürdig ist die Übersetzung von „suka“ (im Deutschen als „Hund“ wiedergegeben). Die eigentliche Semantik von „suka“ bezieht sich auf die weibliche Form, also die *Hündin*. Daher eignet sich an jener Stelle keineswegs eine Übersetzung als

[219] Эпштейн, Михаил: *Пусеньки и Мартин Лютер [Pusen'ki i Martin Ljuter]*, http://mikhail-epstein.livejournal.com/111517.html, abgerufen am 27.1.2016 um 16:43.

„Hund". Würde man jemanden im Russischen als einen „Hund" beleidigen wollen, so würden sich eher Begriffe wie *sobaka* (собака), *der'mo* (дерьмо), *dvulichnaja tvar'* (двуличная тварь), *tupaja bashka* (тупая башка) o.ä. eignen.

Bezeichnet man im Russischen einen Menschen als „suka", hat dieser Begriff eine primär vulgäre Bedeutung – und zwar die einer *Schlampe/Hure/Nutte*[220]. Darum ist diese Lesart im vorliegenden Kontext ebenfalls anwendbar – „suka" behält seine Bedeutung in der maskulinen Form bei („on [...] suka" / „er [...] die Schlampe"). Dementsprechend könnte dies als eine persönliche Beleidigung des Patriarchen gewertet werden.

Obschon der Liedtext „Mutter Gottes, vertreibe Putin" nur einen Teil im Gesamtzusammenhang der Performance ausmacht und dieser zudem beim eigentlichen Auftritt nicht in voller Länge vorgetragen wurde, ist der Text zum entscheidenden Momentum während des Gerichtsprozesses wie auch beim abschließenden Gerichtsurteil geworden. Eine mögliche Erklärung hierfür könnte sein, dass bereits die verstandenen Textteile (mit einigen entsprechenden Schimpfwörtern) ausreichend waren, um sie als verunglimpfend zu empfinden. Weiterhin geht es um die Kombination von Tanz und Text, da mit dem Auftritt zugleich eine Verbreitung in Form eines Videoclips bezweckt werden sollte. Und bei dem im Internet verbreiteten Video ist der Volltext klar zu vernehmen.

In der öffentlichen Diskussion in Deutschland hingegen spielt der Liedtext keine Rolle, denn aus der Übersetzung heraus wird der obszöne Charakter der Lexik nicht deutlich. Zudem wäre es interessant gewesen zu beobachten, welche Richtung die Diskussion innerhalb der deutschen Öffentlichkeit genommen hätte, wenn die oben angebotene Übersetzung der relevanten Lexeme der Bezugstext gewesen wäre. Möglicherweise hätte dies nichts an der Unterstützung für *Pussy Riot* geändert, da die Kritik an Autoritäten in Russland ohnehin ein schwieriges Unternehmen ist. Damit wird die bereits Ende des vorangegangenen Kapitels gestellte Frage zum Lackmus-

---

220 Ebd.

test: Ist eine jegliche Kritik bzw. Protest, der sich gegen die russische Obrigkeit und ihre Unterstützer richtet (richten soll), in ihrer Art und Weise gerechtfertigt und gebührt der Unterstützung?

2.3.3 Blasphemie – ein moralischer Schaden?

Während sich in der westlichen Denkweise mit dem Eintritt in die Moderne (insbesondere mit der Aufklärung) zunehmend ein religiöses Bewusstsein entwickelt hatte, die Religion dem Privatbereich des Einzelnen zuzuschreiben, fand solch ein Prozess in Russland nicht im gleichen Maße statt. Denn trotz der starken Bekämpfung der Religion während des Sozialismus in Russland überlebte die in breiten Teilen der russischen Gesellschaft vorhandene geistig-philosophische Orientierung an die russische Orthodoxie. Darüber hinaus erfuhr die Orthodoxie in den 1990er Jahren seitens der (politischen) Öffentlichkeit einen entsprechenden Rückhalt für ihre neue Rolle als Traditions-, Identitäts- und Wertestifter.

Dieser Umstand soll im ersten Schritt verstehen helfen, dass die Religion in der russischen Gesellschaft eine öffentlichkeitsrelevantere Rolle spielt als in der deutschen. Daher besteht im gemeinen Verständnis eine prinzipiellere Bestimmung dessen, was als Blasphemie zu gelten habe und was nicht. Die Kommentatoren, die in der deutschen Diskussion den Grad der Blasphemie im Auftritt von *Pussy Riot* als eine subjektive Verletzung der religiösen Gefühle meinen bestimmen zu können (wie beispielsweise Heiner Geißler, Werner Schulz, Friedrich Schorlemmer, Alexander Görlach), lassen das allgemeine sozio-pädagogische Moment außer Acht, das mitteilt, was als Blasphemie zu gelten hat und was nicht. Je stärker die Rolle ist, die eine Religionsgemeinschaft – in diesem Fall der ROK – im öffentlichen Leben spielt, desto bekannter ist das Verständnis von Sakralität in der Gesellschaft sowie die zu respektierenden Regeln. Zwar kann man sich mit bestimmten theologischen Einstellungen (berechtigt) nicht einverstanden erklären und gegen diese protestieren. Allerdings darf man sich dann nicht über negative Reaktionen seitens des Geschmähten wundern und von diesem gleichzeitig Nachsicht verlangen, weil das individuelle Recht auf Meinungsfreiheit bedeutungsvoller sei. Möchte man also Kritik an einer

Religionsgemeinschaft in einer Gesellschaft üben, die auf dem Gemeinschaftsprinzip beruht und für die die Religion eine öffentlichere Angelegenheit darstellt, so hilft wohl kaum der Verstoß gegen einen allgemein anerkannten Verhaltenskodex. Der Respekt vor diesem Verhaltenskodex wird in diesen Gesellschaften nicht allein soziologisch vermittelt, sondern findet seinen Ausdruck auch in der Gesetzgebung. Denn hier macht es sich der Staat zur Aufgabe, die Religion vor Diffamierung zu schützen, um den gesellschaftlichen Frieden zu bewahren. Unter anderem werden auch Gesetze verabschiedet, die die Blasphemie stärker unter Strafe stellen[221].

Das deutsche Gesetz wiederum definiert den Begriff Blasphemie nicht genau, um einer Missbrauchsgefahr zu vermeiden. Paragraph 166 des StGB (Beschimpfung von Bekenntnissen, Religionsgesellschaften und Weltanschauungsvereinigungen) kriminalisiert jeden, der eine Religion oder eine Weltanschauungsgemeinschaft beschimpft. Allerdings ist das Wort *beschimpfen* aus der vorgrundgesetzlichen Zeit ein sogenannter unbestimmter Rechtsbegriff, besser ein völlig konturloses Tatbestandsmerkmal, was bedeutet, dass das Blasphemieverbot nur in sehr engen Grenzen wirksam ist. Somit kann nicht ein jeder Hassprediger einen anderen Menschen wegen Gotteslästerung anklagen und verurteilen lassen. Dementsprechend wurde auf einer Juristentagung in München im Mai 2013 eine von der CDU/CSU erhobene Forderung der Verschärfung des Blasphemiegesetzes abgelehnt mit der Begründung, dass dies Art. 4 GG „Die Freiheit des Glaubens, des Gewissens und die Freiheit des religiösen und weltanschaulichen Bekenntnisses" widerspreche. Diese Forderungen nach einer Verschärfung des Blasphemiegesetzes richtete sich insbesondere gegen die in den vergangenen Jahren zunehmende Enttabuisierung und Diskreditierung von Religion in Kunst und Film. Der Forderung nach sollte der Paragraph 166 StGB insofern verschärft werden, als dass eine jede öffentliche Beschimpfung eines religiösen oder weltanschaulichen Bekenntnisses künftig

---

[221] Die Beschimpfung von Glaubensgemeinschaften und die Schändung ihrer Kultstätten wird laut Paragraf 148 des russischen StGB mit bis zu 12.400 Euro, 480 Stunden gemeinnütziger Arbeit oder drei Jahren Haft bestraft.

strafbar sei. Bislang muss für eine Bestrafung nach diesem Paragraphen zusätzlich der öffentliche Frieden gefährdet sein. Diese Forderung steht in der Argumentationslinie Martin Mosebachs, die das heutige Verständnis von Kunstfreiheit anprangert und fordert dass das künstlerische Handeln in seinem Tun begrenzt werden solle. Solange eine Gesellschaft auf Werten beruhe, die ihre Quelle im Christentum hätten, dürften blasphemische Kunstaktionen nicht geduldet werden.

Bislang kennt das deutsche Recht zur Religionsfreiheit keine äußeren Einschränkungen, wie sie beispielsweise durch ein Blasphemiegesetz entstehen würden. Ihre immanenten Grenzen hingegen bestehen dort, wo andere Grundrechte vorrangig behandelt werden. Kommt es also zu Fällen, in denen auf denselben Lebenssachverhalt verschiedene, gleichwertige Rechtsnormen und Grundrechte aufeinander treffen (eine sogenannte *Kollision von Rechtsnormen*), so muss zwangsweise eine Hierarchie innerhalb dieser Normen zur Bewertung des Falles erstellt werden. Die Setzung der Prioritäten ist jedoch eine Frage des gesellschaftlichen Wertekonsenses sowie der sozialen und allgemeinen Wertvorstellungen und Maßstäbe. Eben in dieser Konkurrenz der Grundrechte ist der Auftritt von *Pussy Riot* (Meinungsfreiheit versus Religionsfreiheit) diskutiert und bewertet worden. Dabei ist überwiegend das Grundrecht auf Kunst- und Meinungsfreiheit zu Lasten der Religionsfreiheit akzentuiert worden.

Der Begriff der Blasphemie hat allerdings neben einer rechtlichen Bestimmung auch eine theologische, die zwar im heutigen Kontext obsolet erscheint, doch an Aktualität und gesellschaftlicher Relevanz nicht verloren hat. Diesem Thema widmete sich unter anderem ein im Jahr 2013 erschienenes Buch von Thomas Laubach mit dem Titel *Kann man Gott beleidigen?*[222]. Diese Publikation widmet sich diesem Thema u.a. aus theologischer Perspektive und reduziert Blasphemie im Sinne Heiner Geißlers auf eine rein subjektive Erfahrungswirklichkeit. Der Band teilt sich nach einer Einleitung des

[222] Laubach, Thomas (Hg.): *Kann man Gott beleidigen? Zur aktuellen Blasphemie-Debatte*, Freiburg 2013.

Herausgebers in drei Teile. Drei Fragestellungen ordnen die Beiträge: Wie viel Blasphemie veträgt der Glaube? Darf Kunst alles? Gibt es ein Recht auf Blasphemie? Die Antworten in aller Kürze: Reichlich. So ziemlich. Ja. In den theologisch geprägten Beiträgen des Buches *Kann man Gott beleidigen*? behauptet u.a. Thomas Laubach, dass man Gott selbst nicht beleidigen könne. Blasphemie treffe vielmehr ein bestimmtes vom Menschen angenommenes Gottesbild. Das Problem bestehe nämlich in der Kollision eines eigens kreierten Gottesbildes mit dem Gottesbildverbot – und diese Kreation sei selbst blasphemisch. Folglich sei Blasphemie vielmehr ein an der Eitelkeit des Menschen zu messendes Tatbestandsmerkmal bzw. ein von der Mehrheit der Menschen getragenes Empfinden. Gott sei in seiner Allmächtigkeit und Güte keineswegs zu beleidigen – allein der gläubige Mensch müsse an sich arbeiten, um gegen jegliche Form der Verschmähung immun zu sein. Mit dieser Feststellung kreiert Laubach allerdings selbst ein Gottesbild, indem er determiniert, wer Gott sei und wie er nicht empfinde.

Aus theologischer Sicht ist Blasphemie jedoch keine Beleidigung subjektiver Gefühle und individueller Befindlichkeiten, sondern steht in einem direkten Zusammenhang mit dem Verhältnis zum Göttlichen. Vielmehr wäre eine passendere Begriffsbestimmung der Blasphemie in der *Verletzung* bzw. *Störung eines auf Liebe basierenden Verhältnisses des Menschen zu Gott*. Dieses Verhältnis wird dahingehend gestaltet, als dass sich der Mensch stets um eine Vertiefung und Verinnerlichung bemüht. Sicherlich hängt dies direkt mit der Idee und dem Bild zusammen, das man von diesem Gott hat und welches vermittelt wird. Doch gehört diese Problematik bereits in den Bereich der Glaubenslehre. Verglichen werden könnte das oben beschriebene Verhältnis zu Gott mit dem innigen und liebevollen Verhältnis eines Menschen zu seinen Eltern. Einen jeglichen ungebührenden Umgang mit ihnen würde dieser Mensch als verletzend empfinden – auch wenn dies die Eltern möglicherweise nicht so verstehen würden.

Zudem kann Blasphemie am Verhalten, wie beispielsweise im Fall von *Pussy Riot* an der Verunglimpfung von Sakralem (Betreten des

Ambo), bestimmt werden – und dies stellt keine Frage des Geschmacks dar (wie dies Pfarrer Machel und Dörken-Kucharz beschreiben). Findet obendrein an diesem Ort eine sprachliche Diffamierung („Göttlicher Dreck“) statt, so kann dies von einem Gläubigen nicht anders als blasphemisch verstanden werden.
Da allerdings religiöse Gefühle ebenso schwer messbar sind wie andere menschliche Gefühle (moralische, ästhetische, feministische oder politische), sollten diese Werner Schulzes Meinung nach kein größeres Ausnahmerecht genießen als anderen Gefühle auch. Gleichwohl verkennt Schulze in seiner Argumentation zwei wesentliche Aspekte, die einen derartigen Vergleich obskur erscheinen lassen: 1) religiöse Gefühle und religiöses Denken entstammen einer Reflexion des Menschen mit einem personalen Du (*re-ligare*: rückbinden, festhalten, an etwas festmachen), mit dem man eine Identitätseinheit bildet, welche 2) im Gegensatz zu anderen menschlichen Emotionen einen über das Leben hinaus sinnhaften Charakter erhalten. Und gerade deswegen, weil das religiöse Denken und die damit verbundenen Gefühle die Existenzfrage des Menschen berühren, gehören sie geschützt.
Das Interessante an der Diskussion um Religionsfreiheit in der deutschen Öffentlichkeit ist, dass offenbar mit zweierlei Maß gemessen werde. Dies wird an folgendem Beispiel deutlich: Einerseits müsse laut Volker Beck der Respekt vor anderen Religionen und Weltanschauungen gesellschaftlich erstritten werden (wie in der Diskussion um *Pussy Riot*), andererseits verteidigt er die Beschränkung der Kunstfreiheit im Zusammenhang mit den Mohammed-Karikaturen zugunsten der Religionsfreiheit:

> „Nicht alles, was legal ist, muss man auch machen. Vor allem dann nicht, wenn man damit nur die Gefühle anderer Menschen verletzen möchte.“[223]

Bei solch unterschiedlichen und hybriden Bewertungen des Themas der Religionsfreiheit versus Kunst-/Meinungsfreiheit muss sich die Gesellschaft allemal mit Blick auf die Aktualität des Themas der

---

[223] Beck, Volker: *Nicht alles, was legal ist, muss man auch machen,* https://www.mut-gegen-rechte-gewalt.de/debatte/interview/nicht-alles-was-legal-ist-muss-man-auch-machen-2012-05, abgerufen am 29.1.2016 um 19:23.

Problematik stellen, ob es gerechtfertigt sei, einer Religion ihren Schutzbereich im Falle einer Schmähung (im Sinne des § 166 StGB, Beschimpfung von Bekenntnissen, Religionsgesellschaften und Weltanschauungsvereinigungen) nur dann zuzugestehen, wenn sie im Sinne des Rechts des Stärkeren laut und offensiv genug ihren Unmut kundtut. Daher ist es umso wichtiger und in erster Linie die Aufgabe der sogenannten vierten Gewalt anhand einer erneuten öffentlichen und allseitig geführten Diskussion zum Thema der Grenzen und Möglichkeiten der Kritik an Religion einen gesellschaftlichen Konsens herbeizuführen – und gerade nicht mit zweierlei Maß zu messen.

3. Fazit

Die vorliegende Untersuchung der medialen Berichterstattung zum Gerichtsurteil gegen *Pussy Riot* hat ergeben, dass der Mehrheit der Berichte und Stellungnahmen aus Deutschland ein latent negatives Russlandbild zugrunde liegt. Auf dieser Grundlage wurde das Gerichtsurteil kritisiert und *Pussy Riot* unterstützt. Die dabei herausgearbeiteten Kernthemen der Kritik sind: 1) die Politisierung des Gerichtsverfahrens und -urteils, 2) die Bagatellisierung des Begriffes der Blasphemie 3) sowie das Hervorheben der Kunst- und Meinungsfreiheit als ultimatives Menschenrecht, das in Russland ohnehin nicht geachtet werde. Meinungen, die eine alternative Sicht auf den Fall bieten könnten, wurden überwiegend nicht in den Mainstream-Medien verbreitet.

Dass der Fall in der deutschen Presse politisiert wurde, zeigt sich daran, dass die Berichte und Kommentare Wladimir Putin einen maßgeblichen Anteil an und Einflussnahme auf das Gerichtsurteil zuschrieben. Seine Verantwortung liege insbesondere darin, dass er – und die gesamte politische Obrigkeit Russlands – Opposition und Kritik nicht duldeten. Belege für diesen Vorwurf seien nicht notwendig, da alle Regimegegner und -kritiker in Russland diese Erfahrungen machten.

Kaum herausgestellt wurde in den deutschen Medienberichten, dass die offiziellen Ankläger einige Mitglieder der Russisch-Orthodoxen Kirche waren. Darüber hinaus ließen sich während des Verfahrens seitens der Machthabenden sehr verhaltene, neutrale und distanzierte öffentliche Stellungnahmen beobachten[224].

---

[224] In einem Fernsehinterview im April 2012 erklärte Medwedew auf die Frage, welche Meinung er zum Verfahren gegen *Pussy Riot* habe, dass es ihm als Präsident nicht zustehe, sich in diese Angelegenheit zu mischen. Er sei aber von der Aktion in der Christ-Erlöser-Kathedrale „angewidert" gewesen. Allerdings hielte er ein zu hohes Strafmaß für überzogen, ohne mit dieser Meinung nun die Justiz beeinflussen zu wollen. Auch Wladimir Putin äußerte sich recht spät zum Fall *Pussy Riot*. In seiner ersten öffentlichen Stellungnahme zu dem Fall Anfang August 2012 setzte er sich für ein milderes Strafmaß. Eine Bestrafung müsse proportional zur vollzogenen Handlung erfolgen, so Putin in einem späteren Interview mit dem Sender RT am 6. September 2012.

Gewiss könnte sich hinter solch einem reservierten Verhalten der Regierenden und den mehrmals verfassten Expertisen zum Punkgebet eine Taktik vermuten lassen. Andererseits macht man es sich recht einfach, alle Ereignisse in Russland, bei denen eine Person oder eine Gruppe gegen Wladimir Putin bzw. die politische Obrigkeit protestiert und in diesem Zusammenhang strafrechtlich zur Verantwortung gezogen wird, als einen Kampf Putins gegen seine Gegner abzutun. Der gesellschaftliche Konflikt, der mit dem Auftritt in der Christ-Erlöser-Kathedrale ausgedrückt wurde, ist nicht allein aus der Perspektive eines Politikums oder einer politischen Meinungsäußerung im Rahmen der Kunstfreiheit zu verstehen. Denn damit verkennt man die Komplexität des Themas sowie weitere gesellschaftliche Aspekte, wie zum Beispiel die breite gesellschaftliche Anerkennung und Unterstützung der ROK, die in der aktuellen Entwicklung Russlands eine tragende und entscheidende Rolle spielt. Die Anerkennung der ROK in ihrer wichtigen sozio-kulturellen Funktion ist nicht allein eine Befürwortung für einen Machtapparat und eine Autorität, sondern setzt auch den allgemeinen ethischen Rahmen innerhalb der Gesellschaft – auch in der Definition von Sakralität und Blasphemie. Folglich kann Blasphemie nicht dahingehend bagatellisiert werden, dass man sie allein dem emotionalen und subjektiven Bereich zuschreibt. Vielmehr ist das Verständnis von Blasphemie in einer Gesellschaft sozial und theologisch begründet. Das Gesetz hat zwar nicht die Aufgabe, die Existenz eines höheren Wesens nachzuweisen, eine gesetzliche Klärung dieser Frage wäre absurd, aber die Verantwortung der Gesetzgebung besteht darin, gesellschaftlich festgelegte, eklatante Grenzüberschreitungen zu sanktionieren, um den öffentlichen Frieden zu gewährleisten. In Deutschland wiederum ist oftmals eine Diskrepanz zwischen Rechtstheorie und Rechtspraxis zu beobachten (z. B. in der Anwendung des Paragrafen 167 StGB[225]).

---

[225] Sympathisanten *Pussy Riots* störten am 19. August 2012 ein Pontifikalamt, das Weihbischof Heiner Koch zelebrierte, und protestierten gegen die Verurteilung der Frauen. Sie riefen laut Anklage „kirchenfeindliche Parolen“ und skandierten „Free *Pussy Riot*“. Zwei vermummte Männer sprangen auf den Altar zu und versuchten, ein Transparent zu entrollen. Domschweizer führten daraufhin die Stö-

Diese Diskrepanz zwischen Rechtstheorie und -praxis in Deutschland beruht insbesondere in der historischen Erfahrung und der sozialen Auffassung von Strafen. Es ist also der oben angeführten Einschätzung von Peter Franck zuzustimmen, dass ein Gerichtsurteil, wie es in Russland gegen *Pussy Riot* ergangen ist, in Deutschland undenkbar wäre.

Gewiss ist die enge Verbundenheit von Staat und Kirche in Russland diskutabel und kritikwürdig – regelt doch das russische Gesetz eine klare rechtliche und organisatorische Trennung von Kirche/Religion und Staat. Allerdings gehört in der Kritik an dieser Verbindung zugleich eine respektvolle Haltung gegenüber dem Gegenüber. Denn die Freiheit des menschlichen Handelns kann kein ultimatives Recht eo ipso darstellen, denn sie kann nur gemeinsam mit ihrem Pendantbegriff Verantwortung verwirklicht werden. Zudem ist der Kontext und die Form bei der Geltendmachung eines bestimmten Rechts ein wichtiger Rahmengeber. Diskutiert man beispielsweise die Kunst- und Meinungsfreiheit im Kontext des Punkgebetes als das vorrangig zu behandelnde Recht, so missachtet man dabei die Tatsache, dass Radikalität und Provokation unter dem in Russland geltenden orthodoxen Verhaltenskodex innerhalb des sakralen Raums keine legitimen Mittel darstellen.

Der Ausdruck einer individuellen Meinung ist im russischsprachigen Raum an die Anerkennung eines allgemeinen Regelwerks gebunden. Im deutschsprachigen Raum steht das Recht des Individuums an erster Stelle. Dieser Gegensatz wird in der deutschen, öffentlichen Diskussion völlig außer Acht gelassen. Stattdessen wird nahezu allein aus dem Blickwinkel der eigenen Wertmaßstäbe heraus Kritik am russischen System und dem Gerichtsprozess geübt.

Verständlicherweise wird zwar bei der Aufarbeitung von komplexen Themen stets von einem bestimmten Standpunkt aus argumentiert. Im interkulturellen Kontext kann man mit dieser Einstellung jedoch recht schnell an die Grenzen einer Diskussion geraten. Denn

rer aus der Kathedrale. Einer der beiden Männer, gegen die ein Strafbefehl erlassen wurde, wurde zu 150 Euro Geldstrafe verurteilt – allerdings sieht Paragraf 167 StGB für eine Störung der Religionsausübung mit einer Freiheitsstrafe von bis zu drei Jahren vor.

nach Ansicht der Autorin reichen zur interkulturellen Kommunikation Sprachkenntnisse allein nicht aus, sondern es gehört dazu auch die Fähigkeit, sich vom eigenen Standpunkt zu entfernen und den Blickwinkel des Gegenübers einzunehmen. Erst mit dem Balanceakt, einerseit von der eigenen Auffassung überzeugt sein zu können und andererseits bereit zu sein, zuzulassen, dass diese auch falsch sein kann, kann ein kritisches Verständnis sich selbst als auch dem anderen gegenüber erzeugt werden. Dieser Balanceakt ist der Schlüssel zur interkulturellen Verständigung.

Aus dem Beispiel *Pussy Riot* lässt sich somit deduzieren, dass ein objektiver und nüchterner Blick auf skandalträchtige Ereignisse, die Obrigkeiten in Russland involvieren, kaum möglich ist. Zudem besteht ein breites öffentliches Unwissen über die gesellschaftliche Entwicklung Russlands seit dem Jahre 1990 und Russlands Identitätskrise, den Ursprung und den Leitgedanken von *Pussy Riot* und sogar der korrekten Übersetzung des Steins des Anstoßes – des Punkgebets.

Diese einseitige Sichtweise kann dazu führen, dass in Russland westliche Kritik, auch dann, wenn sie berechtigt ist, politisch und gesellschaftlich kein Gehör findet[226]. Denn eine tragfähige partnerschaftliche bilaterale Beziehung beruht in erster Linie darauf, bemüht zu sein, den jeweils anderen und dessen Herausforderungen zu verstehen.

Im Falle *Pussy Riot*, so ist zu konstatieren, sind die deutschen Medien ihrer primären Aufgabe, wie sie die Bundeszentrale für politische Bildung (bpb) formuliert, nicht nachgekommen – nämlich umfassend „die Öffentlichkeit zu informieren und Entscheidungsträgern die öffentliche Meinung kundzutun. Darüber hinaus wirken

[226] Einige Politiker forderten entsprechende Sanktionen (Andreas Schockenhoff, stellvertretender Vorsitzender der CDU/CSU-Bundestagsfraktion und Koordinator für die deutsch-russische zwischengesellschaftliche Zusammenarbeit, stellte die künftige Aktivität des Petersburger Dialogs infrage) oder Druck auf Russland (Marieluise Beck, Bündnis 90/Die Grünen, forderte den Ost-Ausschuss der Deutschen Wirtschaft auf, Rechtsbrüche in Verhandlungen anzumahnen). Allerdings setzte sich kein Politiker öffentlich z.B. für eine stärkere Zusammenarbeit mit der ROK ein, die einen wesentlichen zivilgesellschaftlichen Faktor in der russischen Gesellschaft bildet.

sie durch Kontrolle und Kritik an der Meinungsbildung mit“[227]. Um diese Aufgabe zu bewältigen, ist es notwendig, journalistische Sorgfaltspflicht walten zu lassen und tiefergehend zu recherchieren, unklare oder strittige Begrifflichkeiten offenzulegen und zu klären, Stereotypisierungen zu vermeiden und alle Seiten zu Wort kommen zu lassen. Zudem entsteht Vielfalt in der Berichterstattung anhand der Reflexion der eigenen Meinungen und Wertmaßstäbe. Wird nicht zugleich Selbstreflexion betrieben, sondern vorwiegend einseitig auf die Missstände des Gegenübers verwiesen, erscheint diese Art des Umgangs als Politikmacherei.

In diesem Zusammenhang ist darauf hinzuweisen, dass das Misstrauen gegen die klassischen Medien in Deutschland immer größer wird. Zu diesem Ergebnis kommt das jährliche Trustbarometer von Edelmann[228]. Für das Jahr 2016 wurde ein massiver Vertrauensverlust in die Traditionsmedien (TV, Fernsehen, Presse, Radio) verzeichnet, während die Online-Medien, die eine breitere Vielfalt an Perspektiven bieten, zunehmend an Publikum gewinnen (mit 56 Prozent[229] haben die Online-Suchmaschinen die klassischen Medien fast eingeholt). Diese Tendenz ist steigend.

Laut Journalist Stefan Niggemeier haben es die Medien lange Zeit versäumt, mit den Menschen in den Dialog zu treten. Mit den neuen und breiteren Möglichkeiten der Information sind die Medien nun verstärkt gefordert, Belege für ihre Berichterstattung zu liefern, um die eigene Glaubwürdigkeit zu untermauern[230].

Mit der Korrektur und Objektivierung von Informationen können Rahmenbedingungen geschaffen werden, die eine Chance bieten, Beziehungen in eine positive Richtung zu gestalten: einerseits ge-

---

227 Bundeszentrale für politische Bildung, *Warum Medien wichtig sind: Funktionen in der Demokratie*, http://www.bpb.de/izpb/7492/warum-medien-wichtig-sind-funktionen-in-der-demokratie?p=0, abgerufen am 13.2.2016 um 13:44.

228 Vgl. Edelmann Trust Barometer 2016: http://www.edelman.de/de/studien/articles/trust-barometer-2016, abgerufen am 13.2.2016 um 18:21.

229 Vgl. Edelmann Trust Barometer 2016.

230 Vgl. Niggemeier, Stefan: *Vertrauen zockt. Die Medien in der Glaubwürdigkeitskrise*, https://www.3sat.de/page/?source=/kulturzeit/themen/184974/index.html, abgerufen am 20.2.2016 um 11:36.

genüber demjenigen, der der direkte Adressat der Kritik ist, andererseits gegenüber dem Leser, dessen Vertrauen in die klassischen öffentlichen Medien schwindet.

Mit diesem Buch soll ein Beitrag dazu geleistet werden, das in den Medien latent mitschwingende negative Russlandbild, das sich in der Berichterstattung und der öffentlichen Debatte um *Pussy Riot* manifestierte, aufzudecken und ein alternatives Bild auf die im Zusammenhang mit Russland stehenden Ereignisse zu bieten. Mitnichten sollen damit die aus der westlichen Sicht in Russland vorhandenen gesellschaftspolitischen Probleme negiert werden. Es soll aber der deutschen Öffentlichkeit das russische Empfinden und die gesellschaftspolitische Debatte in Russland näher gebracht werden, um auf ein gemeinsames Verständnis hinzuwirken.

Literaturangaben

Artikel aus dem Internet/Kommentare

Bauchina, Alisa: *Justiz in Russland: Geplagt von Skandalen und Korruption*, http://www.heise.de/tp/artikel/46/46920/1.html, abgerufen am 23.12.2015 um 16:22.

Beck, Marieluise: *Schluss mit der Kuschelei*, http://www.zeit.de/2012/35/Op-Ed-Beck-Pussy-Riot, abgerufen am 9.12.2015 um 16:41.

Beck, Volker: *Nicht alles, was legal ist, muss man auch machen*, https://www.mut-gegen-rechte-gewalt.de/debatte/interview/nicht-alles-was-legal-ist-muss-man-auch-machen-2012-05, abgerufen am 29.1.2016 um 19:23.

Beck, Volker: *Pussy Riot und die RAF – Geht's noch FAZ?*, http://beckstage.volkerbeck.de/2012/09/12/pussy-riot-und-die-raf-gehts-noch-faz/, abgerufen am 20.12.2015 um 16:56.

Beck, Volker: *Bundestag: Free Pussy Riot!*, http://beckstage.volkerbeck.de/2012/08/07/freepussyriot/, abgerufen am 20.2.2016 um 13:52.

Beitzer, Hannah: *Warum „Pussy Riot" trotzdem gewonnen hat*, http://www.sueddeutsche.de/politik/prozess-gegen-russische-punkband-warum-pussy-riot-schon-jetzt-gewonnen-hat-1.1442591, abgerufen am 8.12.2015 um 11:46.

Chernov, Sergey: *Female Fury*, http://pussy-riot.livejournal.com/11020.html (engl.), abgerufen am 17.9.2015 um 15:24.

Donath, Klaus-Helge: *Punk gegen Putin*, http://www.deutschlandfunk.de/punk-gegen-putin.858.de.html?dram:article_id=219115, abgerufen am 8.12.2015 um 14:28.

Dornblüth, Gesine: *Orthodoxie als Kommunismusersatz*, http://www.deutschlandfunk.de/orthodoxie-als-kommunismusersatz.691.de.html?dram:article_id=231972, abgerufen am 4.1.2016 um 17:59.

Dornblüth, Gesine: *Pussy Riot erteilen Richtern eine Kunst-Lektion*, http://www.deutschlandradio.de/pussy-riot-erteilen-richtern-eine-kunst-lektion.331.de.html?dram:article_id=217623, abgerufen am 5.12.2015 um 20:34.

Dornblüth, Gesine: *Putins Gotteskrieger*, http://www.deutschlandfunk.de/russland-putins-gotteskrieger.795.de.html?dram:article_id=340528, abgerufen am 13.1.2016 um 17:03.

Dornblüth, Gesine: *Putin und der Patriarch – eine unheilige Allianz*, http://www.deutschlandfunk.de/putin-und-der-patriarch-eine-unheilige-allianz.858.de.html?dram:article_id=217030, abgerufen am 8.12.2015 um 17:39.

Dornblüth, Gesine: *Trübe Aussichten in Russland*, http://www.deutschlandfunk.de/truebe-aussichten-in-russland.720.de.html?dram:article_id=218721, abgerufen am 5.12.2015 um 21:04.

Dörken-Kucharz, Thomas: *Gotteslästerung und Pussy Riot*, http://static.evangelisch.de/get/?daid=UFoysPhW49jXJ3e61G6GjfLV00042913, abgerufen am 4.1.2016 um 16:19.

Filina, Olga: *Mapping Russia's religious landscape*, http://in.rbth.com/articles/2012/09/01/mapping_russias_religious_landscape_17333.html, abgerufen am 2.10.2015 um 17:36.

Fink, Erich Maria: *„Pussy Riot" und das Armutszeugnis des Westens*, http://bekenntnisbruderschaft.de/fileadmin/Dokumente/EMF-Pussy-Riot.pdf, abgerufen am 16.12.2015 um 21:48.

Flintoff, Corey: *In Russia, Punk-Rock Riot Girls Rage Against Putin*, http://www.npr.org/2012/02/08/146581790/in-russia-punk-rock-riot-girls-rage-against-putin, abgerufen am 15.9.2015 um 19:33.

Franck, Peter: *Putins Exempel*, http://www.taz.de/!101493/, abgerufen am 16.1.2016 um 12:44.

Gathmann, Moritz: *„Pussy Riot" – Lady Suppenhuhn*, http://www.faz.net/aktuell/politik/ausland/pussy-riot-lady-suppenhuhn-11867761.html, abgerufen am 28.12.2015 um 11:21.

Gerlach, Thomas: *Im Intimbereich des Glaubens*, http://www.taz.de/!104184/, abgerufen am 17.1.2016 um 17:33.

Görlach, Alexander: *Vandalierende Vaginas*, http://www.theeuropean.de/alexander-goerlach/11858-prozess-gegen-pussy-riot-in-russland, abgerufen am 14.1.2016 um 19:59.

Hufen, Uli: *Moralischer Schaden durch bunte Mützen*, http://www.deutschlandfunk.de/moralischer-schaden-durch-bunte-muetzen.691.de.html?dram:article_id=218349, abgerufen am 10.12.2015 um 16:44.

Klußmann, Uwe: *Straflager für Pussy Riot: Der Kreml sät Hass*, http://www.spiegel.de/politik/ausland/kommentar-zum-urteil-gegen-die-pussy-riot-a-850673.html, abgerufen am 15.12.2015 um 18:27.

Kaschin, Oleg: *Putin's message: if you're pro Pussy Riot you're against the Orthodox church*, http://www.theguardian.com/commentisfree/2012/aug/17/pussy-riot-putin-message, abgerufen am 15.9.2015 um 15:37.

Ludwig, Michael: *Größte Demonstrationen seit dem Ende der Sowjetunion*, http://www.faz.net/aktuell/politik/ausland/proteste-in-russland-groesste-demonstrationen-seit-dem-ende-der-sowjetunion-11557275.html, abgerufen am 21.9.2015 um 14:41.

Machel, Jörg: *Pussy Riot*, http://static.evangelisch.de/get/?daid=RdyzAtScayVQMdpiuun7liLQ00042856, abgerufen am 8.12.2015 um 21:43.

Mirolaev, Mansur: *A guide to Pussy Riot's oeuvre*, http://www.dailytribune.com/article/20120818/NEWS05/120819465/a-guide-to-pussy-riot-s-oeuvre, abgerufen am 15.9.2015 um 20:49.

Monath, Hans: *„Putin setzt auf Repression“*, http://www.tagesspiegel.de/politik/russland-koordinator-schockenhoff-cdu-putin-setzt-auf-repression/6978120.html, abgerufen am 13.12.2015 um 21:44.

Mosebach, Martin: *Vom Wert des Verbietens*, http://www.berliner-zeitung.de/kunst/kunst-und-religion-vom-wert-des-verbietens,10809186,16414828.html, abgerufen am 13.1.2016 um 16:19.

Reitschuster, Boris: *Das Putin-Psychogramm: Warum sich Russlands Präsident längst im Krieg wähnt*, http://www.focus.de/politik/ausland/kalter-krieg/machotum-als-staats-doktrin-das-putin-psychogramm-warum-sich-russlands-praesident-laengst-im-krieg-waehnt_id_5289981.html, abgerufen am 21.2.2016 um 20:18.

Schulz, Werner: *In Luthers Fußspuren*, http://www.welt.de/print/die_welt/debatte/article110830531/In-Luthers-Fussspuren.html, abgerufen am 8.12.2015 um 18:47.

Schulz, Werner: *Begründung für die Preisverleihung „Das unerschrockene Wort“ an die russische Frauen Punkband Pussy Riot*, http://www.havemann-gesellschaft.de/fileadmin/Redaktion/Aktuelles_und_Diskussion/2012/Preisbegruendung_Das_unerschrockene_Wort_fuer_Pussy_Riot_final.pdf, abgerufen am am 6.1.2016 um 15:26.

Schorlemmer, Friedrich/Schulz, Werner: *Lutherpreis für Pussy Riot?*, http://www.publik-forum.de/Politik-Gesellschaft/lutherpreis-fuer-pussy-riot/2, abgerufen am 6.1.2016 um 17:11.

Siebenhaar, Hans-Peter: *Albtraum Russland*, http://www.handelsblatt.com/unternehmen/it-medien/medienkommissar/der-medien-kommissar-albtraum-russland/12752746.html, abgerufen am 23.12.2015 um 20:56.

Schröder, Richard: *Bitte keinen Preis für die Chaoten von Pussy Riot!*, http://www.welt.de/debatte/kommentare/article110686840/Bitte-keinen-Preis-fuer-die-Chaoten-von-Pussy-Riot.html, abgerufen am 10.12.2015 um 11:20.

Schopenhauer, Artur: *Welt als Wille und Vorstellung*, Bd.2, Zürich 1988.

Spaemann, Robert: *Beleidigung Gottes oder der Gläubigen?*, http://www.faz.net/aktuell/feuilleton/debatten/robert-sp

aemann-zur-blasphemie-debatte-beleidigung-gottes-oder-der-glaeubigen-11831612.html, abgerufen am 14.1.2016 um 18:33.

Stoltenberg, Joachim: *Pussy Riot – Machtkungelei zwischen Kreml und Kirche*, http://www.morgenpost.de/politik/ausland/article108672092/Pussy-Riot-Machtkungelei-zwischen-Kreml-und-Kirche.html, abgerufen am 6.12.2015 um 09:44.

Volk, Klaus: *Russisches Rowdytum, deutscher Unfug*, http://www.sueddeutsche.de/politik/empoerung-ueber-pussy-riot-urteil-russisches-rowdytum-deutscher-unfug-1.1450931, abgerufen am 17.1.2016 um 14:12.

Wehner, Markus: *Bomben aus der Spaßgerilja*, http://www.faz.net/aktuell/politik/raf-bomben-aus-der-spassgerilja-11875943.html, abgerufen am 20.12.2015 um 19:36.

Žižek, Slavoj: *„The True Blasphemy": Slavoj Žižek on Pussy Riot*, http://chtodelat.wordpress.com/2012/08/07/the-true-blasphemy-slavoj-zizek-on-pussy-riot/, abgerufen am 17.9.2015 um 17:12.

Ohne Autor

o.A.: *Appell aus dem Bundestag: Deutsche Abgeordnete fordern Milde für Pussy Riot*, http://www.spiegel.de/politik/deutschland/bundestagsabgeordnete-fordern-mildes-urteil-im-pussy-riot-prozess-a-848704.html, abgerufen am 3.12.2015 um 17:44.

o.A.: *Bischof fordert Anti-Blasphemie-Gesetz*, http://www.sueddeutsche.de/bayern/vorstoss-gegen-gotteslaesterung-bamberger-bischof-fordert-anti-blasphemie-gesetz-1.1429219, abgerufen am 19.1.2016 um 18:31.

o.A.: *Empörung nach Pussy-Riot-Prozess: "Das war Putins Urteil"*, http://www.spiegel.de/politik/ausland/pussy-riot-urteil-politiker-von-cdu-und-fdp-kritisieren-schuldspruch-a-850695.html, abgerufen am 9.12.2015 um 20:44.

o.A.: *Medwedew kritisiert Hafturteil für Pussy Riot*, http://www.zeit.de/gesellschaft/zeitgeschehen/2012-09/pussy-riot-medwedew, abgerufen am 15.12.2015 um 19:38.

o.A.: *Merkel kritisiert Pussy-Riot-Urteil*, http://www.zeit.de/politik/ausland/2012-08/pussy-riot-reaktionen, abgerufen am 5.12.2015 um 15:51.

o.A.: *Prozess gegen Pussy Riot: Popen wollen mildes Urteil für Punk-Band*, http://www.spiegel.de/politik/ausland/pussy-riot-prozess-nach-putin-will-auch-die-kirche-gnade-a-848064.html, abgerufen am 21.1.2016 um 14:25.

o.A.: *Putin is Out of Touch with Reality*, http://www.khodorkovsky.com/sueddeutsche-zeitung-putin-is-out-of-touch-with-reality/, abgerufen am 5.11.2015 um 14:29.

o.A.: *Putin für milde Strafen im Pussy-Riot-Prozess*, http://www.zeit.de/politik/ausland/2012-08/pussy-riots-putin, abgerufen am 23.1.2016 um 13:15.

o.A.: *Wir sind Profis*, http://www.faz.net/aktuell/feuilleton/der-anarchist-aus-moskau-wir-sind-profis-11725899.html, abgerufen am 5.9.2015 um 20:33.

Interviews

Geißler, Heiner: *Geißler: Pussy Riot sind mutige junge Mädchen*, http://www.deutschlandfunk.de/geissler-pussy-riot-sind-mutige-junge-maedchen.694.de.html?dram:article_id=227441, abgerufen am 4.12.2016 um 21:44.

Goppel, Thomas: *CSU-Politiker fordert Respekt gegenüber allen Religionen*, http://www.deutschlandfunk.de/csu-politiker-fordert-respekt-gegenueber-allen-religionen.694.de.html?dram:article_id=218467, abgerufen am 16.12.2015 um 20:33.

Jerofejew, Wiktor: *Schriftsteller Jerofejew im Interview: „Das Volk wollte eine harte Strafe“*, http://www.spiegel.de/politik/ausland/interview-mit-wiktor-jerofejew-zum-urteil-gegen

-pussy-riot-a-850657.html, abgerufen am 5.11.2015 um 15:01.

Nawalnyj, Alexej: *Russian Activist Alexei Navalny: Pussy Riot Trial 'Reminds Me of the Inquisition'*, http://www.spiegel.de/international/world/spiegel-interview-with-russian-activist-alexei-navalny-a-850914.html, abgerufen am 5.11.2015 um 11:41.

Niggemeier, Stefan: *Vertrauen zockt. Die Medien in der Glaubwürdigkeitskrise*, https://www.3sat.de/page/?source=/kulturzeit/themen/184974/index.html, abgerufen am 20.2.2016 um 11:36.

von Studnitz, Ernst-Jörg: *Studnitz: Dieser Prozess hat letztlich einen politischen Hintergrund*, http://www.deutschlandfunk.de/studnitz-dieser-prozess-hat-letztlich-einen-politischen.694.de.html?dram:article_id=218466, abgerufen am 8.12.2015 um 12:33.

Internetquellen/Buchquellen/Zeitschriftenartikel

Bundeszentrale für politische Bildung, *Duma-Wahlen in Russland*, http://www.bpb.de/politik/hintergrund-aktuell/68649/duma-wahl-in-russland-01-12-2011, abgerufen am 21.9.2015 um 13:16.

Bundeszentrale für politische Bildung, *Russland geht gegen NGOs vor*, http://www.bpb.de/politik/hintergrund-aktuell/157181/russland-geht-gegen-ngos-vor, abgerufen am 17.9.2015 um 17:46.

Bundeszentrale für politische Bildung, *Warum Medien wichtig sind: Funktionen in der Demokratie*, http://www.bpb.de/izpb/7492/warum-medien-wichtig-sind-funktionen-in-der-demokratie?p=0, abgerufen am 13.2.2016 um 13:44.

Dewey, Horace W.: *Russia's Debt to the Mongols in Suretyship and Collective Responsibility*, in: *Comparative Studies in Society and History*, Apr. 1988, Vol. 30, No. 2, pp. 249-270.

Edelmann Trust Barometer 2016: http://www.edelman.de/de/studien/articles/trust-barometer-2016, abgerufen am 13.2.2016 um 18:21.

The Canons of the Council in Trullo and Synod of Laodicea [Dokumente zur Trullanischen Synode und der Synode von Laodzidea, engl. Version], http://www.ccel.org/ccel/schaff/npnf214.xiv.iii.lxiii.html, abgerufen am 2.9.2015 um 11:59.

Institut für Demoskopie Allensbach, *Zunehmende Entfremdung*, http://www.ifd-allensbach.de/uploads/tx_reportsndocs/FAZ_April_2014_Russland.pdf, abgerufen am 12.8.2015 um 19:37.

Justinian I.: *Novellae,* in: Schoell, R./Kroll, G. (Hrsg.): Corpus Iuris Civilis, Vol. III, Berlin 1895.

Freiesleben, C.F.: *Novellen, Bd. 7,* in: Otto, C.E./Schilling, B. (Hrsg.): Das Corpus Juris Civilis ins Deutsche übersetzt von einem Vereine Rechtsgelehrter, Leipzig 1833.

Pokrovskii, Mikhail: *History of Russia from the Earliest Times to the Rise of Commercial Capitalism*, translated by J. Clarkson and M. Griffiths, New York 1930.

Preisstatut „Das unerschrockene Wort", Bund der Lutherstädte, http://www.wittenberg.de/pics/medien/1_1352878609/Lutherpreis_Preisstatut.pdf, abgerufen am 4.1.2016 um 19:01.

Schröder, Hans-Henning: *Gesellschaft im Umbruch. Schichtung, demographische Entwicklung und soziale Ungleichheit*, in: Pleines, Heiko/Ders. (Hrsg.): Länderbericht Russland (=Schriftenreihe der Landeszentrale für Politische Bildung, Bd. 1066), Bonn 2010, S.361-390.

Stykow, Petra: *Die autoritäre Konsolidierung des politischen Systems in der Ära Putin*, in: Pleines, Heiko/Hans-Henning Schröder (Hrsg.): Länderbericht Russland (=Schriftenreihe der Landeszentrale für Politische Bildung, Bd.1066), Bonn 2010, S.71-94.

Willems, Joachim: *Kirche und Armee. Religion und Politik in Russland*, in: Osteuropa 59/6, Berlin 2009, S.235–248.

Öffentliche Briefe/Statements

Brief an den russischen Botschafter, http://www.spiegel.de/media/media-29356.pdf, abgerufen am 17.12.2015 um 19:38.

Erklärung der Deutschen Diözese der Russischen Auslandskirche zu dem Kirchenauftritt von *Pussy Riot*, http://www.sobor.de/index.php?option=com_content&view=article&id=321%3Afuer-den-frieden-der-kirchen-fuer-vergebung-und-recht&catid=38%3Abericht&Itemid=57&lang=de, abgerufen am 17.2.2016 um 21:07.

Russischsprachige Internetseiten:

o.A.: Алехина: *Pussy Riot* переводится как "Бунт кисок" [Aljochina: *Pussy Riot* perewoditsja kak "Bunt kisok"], http://grani.ru/Politics/Russia/President/m.207244.html, abgerufen am 15.9.2015 um 17:25.

o.A.: *Алтарники по-разному восприняли извинения Pussy Riot [Altarniki po-raznomu wosprinjali izwinenija Pussy Riot]*, http://pda.bfm.ru/news/188649, abgerufen am 21.11.2015 um 15:45.

o.A.: Арт-группа "Война" [Art-Gruppa "*Wojna*"], http://lenta.ru/lib/14206363/, abgerufen am 5.9.2015 um 19:22.

o.A.: *В день инаугурации Президента Российской Федерации В.В. Путина Святейший Патриарх Кирилл совершил молебное пение в Благовещенском соборе Московского Кремля [W den' inaugurazii Prezidenta Rossijskoj Federazii W.W. Putina Swjatesjschij Patriarch Kirill sowerschil molebnoje penie w Blagoweschtschenskom sobore Moskowskogo Kremlja]*, http://www.patriarchia.ru/db/text/2206277.html, abgerufen am 16.12.2015 um 18:47.

o.A.: *Возмутительный шантаж [Wozmutitel'nyj schantasch]*, http://expert.ru/2012/09/3/vozmutitelnyij-shantazh/, abgerufen am 26.11.2015 um 09:37.

o.A.: *Как итог [Kak itog]*, http://www.kasparov.ru/material.php?id=4EE359EA07512, abgerufen am 21.9.2015 um 18:12.

o.A.: *Об уголовном преследовании участниц панк-группы «Pussy Riot» [Ob uslownom presledowanii utschastniz pank-gruppy „Pussy Roit"]*, http://www.memo.ru/d/3407.html, abgerufen am 16.1.2016 um 18:52.

o.A.: *Патриарх Кирилл: молодым людям важно понять, через что прошла Россия в 1990-е [Patriarch Kirill: molodym ljudjam waschno ponjat', tscherez schto proschla Rossija v 1990-e]*, http://fedosino.ru/rossiya-v-1990-e.html, abgerufen am 18.10.2015 um 17:43.

o.A.: *Пресс-секретарь патриарха ответил на письмо в защиту Pussy Riot и откровения Ксении Собчак [Press-sekretar' patriarcha otwetil na pis'mo w zaschtschitu Pussy Riot i otkrowenija Ksenii Sobtschak]*, http://www.newsru.com/russia/29jun2012/pussy.html, abgerufen am 19.11.2015 um 18:41.

o.A.: *Pussy Riot: Искусство или политика? [Pussy Riot: Iskusstwo ili politika?]*, http://www.lookatme.ru/mag/archive/experience-interview/159845-hlystom-i-pryanikom, abgerufen am 6.11.2015 um 14:21.

o.A.: *Pussy Riot признали опасными для общества [Pussy Riot priznali opasnymi dlja obschtschestwa]*, http://russian.rt.com/inotv/2012-08-17/Pussy-Riot-priznali-opasnimi-dlya, abgerufen am 14.11.2015 um 17:27.

o.A.: *Патриарх Кирилл: Православные люди не ходят на демонстрации, они молятся [Patriarch Kirill: Prawoslawnye ljudi ne chodjat na demostrazii, oni moljatsja]*, http://www.pravmir.ru/patriarx-kirill-pravoslavnye-lyudi-ne-umeyut-vyxodit-na-demonstracii/, abgerufen am 18.11.2015 um 20:51.

o.A.: *Проповедь Святейшего Патриарха Кирилла в день памяти святителя Ионы, митрополита Московского 28.6.2012 [Propowed' Swjatejschego Patriarcha Kirilla w den' pamjati swjatitelja Iony, mitropolita Moskowskogo 28.6.2012]*, http://www.patriarchia.ru/db/text/2310894.html, abgerufen am 19.10.2015 um 13:18.

o.A.: *Святейший Патриарх Кирилл: У нас нет будущего, если мы начинаем глумиться перед великими святынями [Swjatejschij Patriarch Kirill: U nas njet buduschtschego, jesli my natschinajem glumit'sja pered welikimi swjatynijami]*, http://www.patriarchia.ru/db/text/2101850.html, abgerufen am 6.11.2015 um 16:13.

o.A.: *Следствие перестраховалось [Sljedstwije perestrachowalos']*, http://www.novayagazeta.ru/society/52974.html, abgerufen am 4.9.2015 um 15:35.

o.A.: Служащий храма назвал неискренними извинения *Pussy Riot*, но принял их [Sluschaschtschij chrama nazval neiskrennimi izvinenija *Pussy Riot*, no prinjal ich], http://ria.ru/inquest/20120731/713467589.html,abgerufen am 21.11.2015 um 13:37.

o.A.: *Совет по правам человека выступил против продления ареста Pussy Riot [Sowjet po prawam tschelowjeka wystupil protiw prodlenija aresta Russy Riot]*, http://interfax.ru/russia/news.asp?id=240951, abgerufen am 14.11.2015 um 21:37.

o.A.: *Стенограмма встречи председателя Правительства РФ В.В. Путина со Святейшим Патриархом Кириллом и лидерами традиционных религиозных общин России [Stenogramma wstretschi predsedatelja Prawitel'stwa RF W.W. Putina so Swjatejschim Patriarchom Kirillom i liderami tradizionnych religioznych obschtschin Rossii]*, http://www.pravoslavie.ru/smi/51480.htm, abgerufen am 13.8.2015 um 18:34.

o.A.: *Участница Pussy Riot Самуцевич извиняется перед верующими за акцию в ХХС [Utschastniza Pussy Riot*

Samuzewitsch izwinjajetsja pered werujuschtschimi za akziju v CHCHS], http://www.interfax.by/news/belarus/1118217, abgerufen am 13.9.2015 um 16:26.

o.A.: *Участница Pussy Riot Толоконникова признала акцию в храме "этической ошибкой" [Utschastniza Pussy Riot Tolokonnikowa priznala akziju w chrame „etitscheskoj oschibkoj"]*, http://www.interfax.ru/russia/258064, abgerufen am 21.11.2015 um 10:18.

o.A.: *Участниц Pussy Riot допросили по делу их защитника, напавшего на судью с топором [Utschastniz Pussy Riot doprosili po delu ich zaschtschitnika, panawschego na sud'ju s toporom]*, http://www.vesti.ru/doc.html?id=800443, abgerufen am 16.9.2015 um 20:51.

Березовский, Борис: *Открытое письмо Предстоятелю Русской Православной Церкви Патриарху Кириллу [Otkrytoje pis'mo Predstojatel'ju Russoj Prawoslawnoj Zerkwi Patriarchu Kirillu]*, http://echo.msk.ru/blog/berezovski/849154-echo/, abgerufen am 19.9.2015 um 12:57.

Моисеев, Владислав: *Бунт феминизма [Bunt feminizma]*, http://rusrep.ru/article/2012/02/24/pussy_riot, abgerufen am 20.8.2015 um 12:14.

Новикова, Анастасия: *Путин получил благословение на третий срок [Putin polutschil blagoslowenije na tret'ij srok]*, http://izvestia.ru/news/514727, abgerufen am 13.8.2015 um 20:16.

Сопова, Александра: *Православные просят патриарха заступиться за Pussy Riot [Prawoslawnye prosjat patriarcha zastupit'sja za Pussy Riot]*, http://izvestia.ru/news/527954, abgerufen am 30:11.2015 um 21:36.

Чаплин, Всеволод (Прот.): *Избрание Путина президентом будет означать долгий период стабильности [Prot. Wsjewolod Tschaplin: Izbranie Putina prezidentom budet oznatschat' dolgij period stabil'nosti]*, http://www.pra

vmir.ru/video-prot-vsevolod-chaplin-izbranie-putina-prezidentom-budet-oznachat-dolgij-period-stabilnosti/, abgerufen am 20.10.2015 um 9:31.

Чернухина, Юлия: *Pussy Riot уже выступали в церкви [Pussy Riot usche wystupali w zerkwi]*, http://www.mk.ru/politics/russia/2012/03/19/683039-pussy-riot-uzhe-vyistupali-v-tserkvi.html, abgerufen am 12.10.2015 um 12:36.

Эпштейн, Михаил Наумович: *Пусеньки и Мартин Лютер [Pusen'ki i Martin Ljuter]*, http://mikhail-epstein.livejournal.com/111517.html, abgerufen am 27.1.2016 um 16:43.

Internetquellen/Buchquellen/Zeitschriftenartikel (russisch)

Левинская И.А., Узунова В.Г.: *К вопросу об экспертизе действий группы «Pussy Riot» [K woprosu ob ekspertize dejstwij gruppy „Pussy Riot"]*, http://www.spass-sci.ru/news/detail.php?ID=300, abgerufen am 16.8.2015 um 10:14. Originaldokument: Левинская И.А., Узунова В.Г.: *К вопросу об экспертизе действий группы ‚Pussy Riot'* [K voprosu ob ekspertize dejstvij gruppy ‚*Pussy Riot*'], Sankt-Peterburgskij Sojus Utschjonnych, 18.07.2012.

Самуцевич Е., Толоконникова Н., Алёхина М.: *Письмо Pussy Riot [Pis'mo Pussy Riot]*, http://echo.msk.ru/blog/echomsk/912701-echo/, abgerufen am 6.11.2015 um 13:58.

Федеральный закон Российской Федерации о поправке к Конституции Российской Федерации от 30 декабря 2008 г. N 6-ФКЗ [Federal'nyj zakon Rossijskoj Federacii o poprawke k Konstitucii Rossijskij Federacii it 30 dekabrja 2008 g. N 6.FK3], http://rg.ru/2008/12/31/konstitucia-popravki-dok.html_abgerufen am 21.9.2015 um 20:44.

Фейгин, Марк: *Экспертиза Троицкого-Абраменковой-Понкина по "делу PUSSY RIOT" [Ekspertiza Troizkogo-Abramenkowoj-Ponkina po „delu PUSSY RIOT"]*, http://mark-feygin.livejournal.com/89127.html, abgerufen am 28.8.2015 um 14:55.

Фейгин, Марк: *Первая экспертиза ГУП "ЦИАТ" по делу Pussy Riot [Perwaja ekspertiza GUP „ZIAT“ po delu Pussy Riot]*, http://mark-feygin.livejournal.com/93368.html, abgerufen am 26.8.2015 um 18:20.

Фейгин, Марк: *Вторая экспертиза ГУП "ЦИАТ" по делу Pussy Riot [Wtoraja ekspertiza GUP „ZIAT“ po delu Pussy Riot]*, http://mark-feygin.livejournal.com/93621.html, abgerufen am 28.8.2015 um 13:46.

Фурман Д.Е., Каариайнен К.: *Религиозность в России в 90-е годы XX - начале XXI в.*, in: Докл. ин-та Европы РАН, вып. 173, Москва 2006.

ФОМ: *В. Путин: рейтинг, отношение, оценки работы [W. Putin: rejting, otnoschenie, ozenki raboty]*, http://fom.ru/Politika/10946, abgerufen am 23.9.2015 um 9:18.

Основы социальной концепции Русской Православной Церкви [Osnowy sozial'noj konzepzii Russkoj Prawoslawnoj Zerkwi], http://prihod.rugraz.net/assets/pdf/Osnovi_social-noj_koncepcii_Russkoj_Pravoslavnoj_Cerkvi.pdf, abgerufen am 19.10.2015 um 15:31.

Aufruf der Vereinigung der Kosaken Russlands in Bezug auf die Gotteslästerung in der Christ-Erlöser-Kathedrale:

Обращение Союза казаков России по поводу кощунства в Храме Христа Спасителя [Obraschtschenije Sojuza kazakow Rossii po powodu koschtschunstwa w Chrame Christa Spasitelja], http://www.patriarchia.ru/db/text/2097618.html, abgerufen am 29.11.2015 um 18:35.

Erlass des Präsidenten der Russischen Föderation „Zur Strategie der nationalen Sicherheit der Russischen Föderation bis zum Jahre 2020“ vom 12.5.2009, Nr. 537: *Указ Президента Российской Федерации "О Стратегии национальной безопасности Российской Федерации до 2020 года" от 12.05.2009 N 537 [Ukaz Prezidenta Rossijskoj Federazii „O Strategii nazional'noj bezopasnosti Rossijskoj Federazii do 2020 goda“ ot 12.5.2009 N 537]*, http://to18.minjust.ru/press/news/ukaz-prezidenta-rf-ot-12052009-no-537-o-strategii-nacionalnoy-bezopasnosti-rossiyskoy, abgerufen am 13.10.2015 um 13:48.

Gerichtsurteil zu Pussy Riot: Приговор Pussy Riot [Prigovor Pussy Riot], http://www.snob.ru/selected/entry/51999, abgerufen am 18.11.2015 um 15:18.

Website des Lewada-Zentrums:

Левада-Центр - Аналитический центр Юрия Левады [Lewada-Zentr – Analititscheskij zentr Jurija Lewady]: *Россияне о деле Pussy Riot [Rossijan'e o dele Pussy Riot]*, http://www.levada.ru/31-07-2012/rossiyane-o-dele-pussy-riot, abgerufen am 5.11.2015 um 17:46.

Левада-Центр - Аналитический центр Юрия Левады [Lewada-Zentr – Analititscheskij zentr Jurija Lewady]: Россияне о религии и церкви *[Rossijan'e o religii i zerkwi]*, http://www.levada.ru/11-10-2012/rossiyane-o-religii-i-tserkvi, abgerufen am 2.10.2015 um 17:49.

Левада-Центр - Аналитический центр Юрия Левады [Lewada-Zentr – Analititscheskij zentr Jurija Lewady]: *Треть россиян верит в честный суд над Pussy Riot [Tret' rossijan werit w tschestnyj sud nad Pussy Riot]*, http://www.levada.ru/17-08-2012/tret-rossiyan-verit-v-chestnyi-sud-nad-pussy-riot, abgerufen am 6.11.2015 um 10:42.

Левада-Центр - Аналитический центр Юрия Левады [Lewada-Zentr – Analititscheskij zentr Jurija Lewady]: *Религия и церковь в общественной жизни [Religija i zerkow w obschtschestwennoj schizni]*, http://www.levada.ru/18-04-2013/religiya-i-tserkov-v-obshchestvennoi-zhizni-0, abgerufen am 13.10.2015 um 18:51.

Webseite von OVDInfo.org: *Мониторинг государственного насилия [Monitoring gosudarstvennogo nasilija]*, http://ovdinfo.org/, abgerufen am 21.9.2015 um 16:23.

Webseite der Volkszählung 2010 - Всероссийская перепись населения 2010: *Национальный состав и владение языками, гражданство [Nazional'nyj sostaw i wladenie jazykami, graschdanstwo]*, http://www.gks.ru/free_doc/new_site/perepis2010/croc/perepis_itogi1612.htm, abgerufen am 11.10.2015 um 11:52.

Offener Brief russisch-orthodoxer Gläubiger an den Patriarchen Kirill: *Открытое письмо Патриарху Русской Православной Церкви Кириллу по делу о "Pussy Riot" [Otkrytoje pis'mo Patriarchu Russkoj Prawoslawnoj Zerkwi Kirillu po delu o „Pussy Riot"]*, http://kbanda.ru/index.php/reportazhi/169-obshchestvo/1846-otkrytoe-pismo-patriarkhu-russkoj-pravoslavnoj-tserkvi-kirillu-po-delu-o-qpussy-riotq, abgerufen am 12.12.2015 um 17:26.

Pussy Riot: *Ответ и послание группы Pussy Riot Предстоятелю Русской Церкви [Otwjet i poslanije gruppy Pussy Riot Predstojatelju Russkoj Prawoslawnoj Zerkwi]*, http://grani.ru/blogs/free/entries/196707.html, abgerufen am 18.11.2015 um 12:16.

Pussy Riot: *Letzte Worte vor Gericht (russ.)*, http://lenta.ru/articles/2012/08/08/lastwords/, abgerufen am 15.9.2015 um 14:39.

Pussy Riot: *Nichtvorgetragenes letztes Wort von N. Tolokonnikowa (russ.)*, http://www.svoboda.org/content/article/24969820.html?nocache=1, abgerufen am 26.11.2015 um 11:21.

Russisches Strafgesetzbuch, http://www.zakonrf.info/uk/, Art. 148, 213, 282/2, abgerufen am 3.9.2015 um 18:58.

Russischer *Mat* unter: http://www.russki-mat.net/page.php?l=RuDe&a=%D0%A1, abgerufen am 21.9.2015 um 20:18.

Stellungnahme des Rates der orthodoxen Vereinigung in Bezug auf die gotteslästerliche Aktion in der Christ-Erlöser-Kathedrale: *Заявление Совета православных общественных объединений по поводу кощунственной акции в Храме Христа Спасителя [Zajawlenije Sowjeta prawoslawnych obschtschestwennych ob'edinenij po powodu koschtschunstwennoj akzii w Chrame Christa Spasitelja]*, http://www.patriarchia.ru/db/text/2084470.html, abgerufen am 27.11.2015 um 14:29.

Versöhnungsbrief von Maria Aljochina: *Примирительное письмо [Primiritel'noje pis'mo]*, http://echo.msk.ru/blog/alekhina/878289-echo/, abgerufen am 19.11.2015 um 19:13.

Interviews (russisch)

Fejgin, Mark: *Пикеты в защиту Pussy Riot [Pikety w saschtschitu Pussy Riot]*, http://www.russian.rfi.fr/rossiya/20120308-pikety-v-zashchitu-pussy-riot, abgerufen am 26.1.2016 um 14:35.

***ibidem*-Verlag**

Melchiorstr. 15

D-70439 Stuttgart

info@ibidem-verlag.de

www.ibidem-verlag.de
www.ibidem.eu
www.edition-noema.de
www.autorenbetreuung.de

www.ingramcontent.com/pod-product-compliance
Ingram Content Group UK Ltd.
Pitfield, Milton Keynes, MK11 3LW, UK
UKHW040026200726
13854UKWH00001B/384

9 783838 204741